Kurt Roeske

# Kos

**Der Autor** Kurt Roeske, Dr. h.c., ist Klassischer Philologe. Er hat die Dilteyschule in Wiesbaden, die Deutsche Schule in Athen und das Rabanus-Maurus-Gymnasium in Mainz geleitet. Seit seiner Pensionierung ist er an der Volkshochschule tätig. Viele seiner Bücher, auch Hörbücher, sind bei K&N erschienen.

Kurt Roeske

# Kos

## Zentrum der antiken Medizin

## Ein kulturhistorischer Reiseführer

Exkursion: Ein Tag auf Patmos,
der Insel des Johannes

Königshausen & Neumann

Sehr herzlich bedanke ich mich bei der
**Gerd und Margarethe Krämmer-Stiftung**
für den Beitrag zur Finanzierung der Druckkosten

*Bibliografische Information der Deutschen Nationalbibliothek*

Die Deutsche Nationalbibliothek verzeichnet diese Publikation in der Deutschen Nationalbibliografie; detaillierte bibliografische Daten sind im Internet über http://dnb.d-nb.de abrufbar.


Gedruckt auf säurefreiem, alterungsbeständigem Papier
Umschlag: skh-softics / coverart
Umschlagabbildung: Römisches Mosaik, 2./3. Jh. n.Chr., Archäologisches Museum Kos


Printed in Germany

ISBN 978-3-8260-8649-6
eISBN 978-3-8260-8650-2

www.koenigshausen-neumann.de
www.ebook.de
www.buchhandel.de
www.buchkatalog.de

*Ungeheuer ist viel, doch nichts ist*
*ungeheurer als der Mensch. ...*
*Stets weiß er einen Ausweg. Ausweglos trifft er*
*auf nichts von dem, was die Zukunft bringt. Einzig die Flucht*
*vor dem Hades blieb ihm versagt.*
*Heilung aber von Krankheiten, die heillos schienen,*
*ersann er.*

Sophokles, Antigone, Verse 332–334; 360–364

*Streift dann nicht uns*
*selber ein Hauch der Luft,*
*der um die Früheren gewesen ist?*
*Ist nicht in Stimmen, denen*
*wir unser Ohr schenken, ein*
*Echo von nun Verstummten?*

Durs Grünbein

# Inhaltsverzeichnis

# Vorwort

Seit vielen Jahren biete ich in meinem Umfeld – das sind Mitglieder der Vereinigung der *Freunde der Universität Mainz* und Teilnehmerinnen und Teilnehmer an meinen Volkshochschulkursen – *Reisen in die Welt der Antike* an. Dabei geht es mir nicht nur um die Monumente, die freilich allein schon eine Reise lohnen, sondern auch darum, anhand von Texten Hintergrundwissen zu vermitteln. Wir fragen, wenn wir einen Tempel, ein Gymnasion, eine Agora oder ein Forum, eine Thermenanlage besichtigen, nach ihrer jeweiligen Funktion, nach den Zeitumständen ihrer Entstehung, nach den Intentionen der Bauherren.

Manch eine Stätte, die keine bedeutenden Sehenswürdigkeiten aufzuweisen hat, gewinnt dadurch Bedeutung, dass Menschen dort gewirkt haben, von deren Entdeckungen oder Erfindungen wichtige Impulse für die Entwicklung unserer Kultur oder Zivilisation ausgegangen sind. So wird man an Milet nicht vorüberfahren, obwohl nur noch wenig von der einst großen Stadt Zeugnis ablegt. Aber hier haben im 6. Jh. v.Chr. die sogenannten *Vorsokratiker* gelebt und gewirkt, Thales, Anaximander und Anaximenes. Diese Naturphilosophen waren die ersten, die die Entstehung des Kosmos und die Phänomene der Natur ohne Rückgriff auf Götter und Mythen zu erklären versuchten.

Immer begleiten uns antike Autoren, deren Texte die Orte und Menschen in ihrem jeweiligen geistesgeschichtlichen Umfeld verwurzeln. Die Information beschränkt sich in diesem Buch auf ihre Lebenszeit. Wer sich genauer informieren möchte, sei auf das Verzeichnis der antiken Autoren verwiesen. Auch deutsche Dichter, Eduard Mörike und Stefan Heym, kommen zu Wort. Berichte von Ludwig Ross, Karl Krumbacher und Helmuth v. Moltke, die im 19. Jahrhundert die Inseln des Dodekanes besucht haben, vermitteln authentische Einblicke in die damaligen Lebensverhältnisse.

*Was bietet Kos?*, wurde gefragt, als ich die Insel als Ziel einer Studienreise vorschlug. In der Tat: Blättert man die einschlägigen Reiseführer durch, wird man enttäuscht. Sie versäumen es zwar nicht, außer Stränden und sauberem Meer auch Hippokrates und das Asklepieion zu erwähnen, aber welch' wichtige Rolle der Arzt in der Entwicklung der wissenschaftlichen Medizin gespielt hat, wird nur umrisshaft deutlich. Die wechselvolle Geschichte der kleinen Insel, die sich immer wieder mit neuen Herren arrangieren musste, die ständig von Überfällen, Verheerungen, Erdbeben heimgesucht wurde, wird auf einen kurzen Abriss reduziert.

Kurzum: Für Kos fehlt ein kulturhistorischer Reiseführer. Diese Lücke will das vorliegende Buch schließen.

Beschäftigt man sich mit der an Brüchen reichen Geschichte der Insel, so nötigt es Hochachtung ab, dass die Bewohner des kleinen Eilands ihre Heimat nie verzweifelt aufgegeben, sondern nach jeder Katastrophe stets unverdrossen wieder aufgebaut haben; jedes Mal schöner und reicher als vorher. Das letzte große Erdbeben ereignete sich vor gar nicht so langer Zeit im Jahr 2017; es verursachte einen Tsunami: Eine Panik brach aus, zwei Menschen starben, viele wurden verletzt. An Gebäuden und den Hafenanlagen entstanden Schäden.

Wer sich in der Hauptstadt Kos auf Spurensuche begibt, stößt auf Ausgrabungen, auf antike Mauern und Säulen, auf rekonstruierte und erhaltene Bauten, die die Geschichte der Stadt lebendig werden lassen. Bunte römische Mosaiken laden dazu ein, zu verweilen und sich in die Geschichten hineinzuversetzen, die sie erzählen. Eines von ihnen zeigt, wie Asklepios auf der Insel ankommt und von einem Einwohner und von Hippokrates begrüßt wird. Der Gott und der Arzt – sie stehen für die unterschiedlichen Heilmethoden, die auf Kos praktiziert wurden, der religiösen und der methodisch-wissenschaftlichen. Das Bild ist für den Umschlag des Buches ausgewählt worden, es verweist auf sein Anliegen.

Vor der Stadt liegt das berühmte Asklepieion, die in Terrassen gestaffelte, eindrucksvolle Anlage, in der die Menschen seit dem 4. Jh. v.Chr. bis weit in die christliche Ära hinein durch göttliche Wunder und menschliche Kunst Heilung suchten.

Wir lernen den Heilgott Asklepios kennen, der so ganz anders als die übrigen Gottheiten auf dem Olymp war; keinem anderen Gott kamen die Menschen in der Antike so nah wie ihm. Wir beschäftigen uns anhand von Texten mit seinen Heilmethoden und fragen, was es mit dem Phänomen des Heilschlafes auf sich hatte.

Wir lernen Hippokrates kennen, den bedeutendsten Sohn der Insel. Zu seinen Lebzeiten im 5. Jh. v.Chr. gab es das Asklepieion noch nicht. Es waren seine Schüler und Nachfolger, die seine Heilmethode im Asklepieion einführten. Er hatte damit begonnen, Krankheitsverläufe, Erfolge und Misserfolge, sorgfältig zu beobachten und zu protokollieren, sodass man aus den Erfahrungen lernen und in Zukunft Fehler vermeiden konnte. Ausgewählte Textbeispiele vermitteln einen Eindruck seines Verfahrens.

Seit dem 4. Jh. v.Chr. wirkten Asklepios und die Schüler des Hippokrates auf Kos nebeneinander.

Ein Blick auf die moderne Medizin wird zeigen, wie weit sie es gebracht hat, inwiefern sie aber gut beraten wäre, ihren Begründer, Hippokrates, nicht ganz zu vergessen.

Auf der Insel fallen besonders die vielen Burgen auf, die zeigen, dass die jeweiligen Herrscher sich wehrhaft gegen Feinde wappnen mussten – eine Folge der strategischen Bedeutung, die der Insel dank ihrer Lage zukam. Noch heute liegt sie im Schnittpunkt türkischer und griechischer Interessen.

Wir schlagen eine Tagesexkursion zu der Insel **Patmos** vor. Die Fahrt ist zugleich der Weg von der Antike in die Welt des Christentums. Wir verlassen den Gott Asklepios, den Heiler des kranken Körpers, und begegnen Christus, dem das Seelenheil der ganzen Menschheit am Herzen lag und liegt. Wir begegnen ihm in den Sendschreiben und Visionen des Propheten Johannes, der – wie allgemein, aber nicht unwidersprochen angenommen wird – zur Zeit des Kaisers Domitian (81–96 n.Chr.) in der Verbannung auf Patmos lebte. Er sah seine Mission darin, die in Kleinasien lebenden bedrängten Christen zu stärken und zu ermutigen, sich der Forderung zu widersetzen, den Kaiser, den Repräsentanten des Imperiums, als Gott zu verehren. Versagten sie es, drohten ihnen Nachteile, im äußersten Fall sogar der Tod.

Es sind andere Krisen, in denen die Christen des 21. Jahrhunderts sich behaupten müssen. Auch sie werden von Zweifeln geplagt, ob sie sich in dieser oder jener Situation richtig verhalten. Die Botschaft des Propheten ist zeitlos, sie spricht auch den Christen von heute an.

In der Geschichte von Kos spielt der persische Satrap Maussolos eine nicht unwichtige Rolle. *Mausoleum*, der Name seines Grabmals, ist uns ein geläufiger Begriff. Allen, die sich für den Ort interessieren, an dem es einst entstand, und die Ruinen dieses Weltwunders besichtigen möchten, sei die kurze Überfahrt in die Türkei nach Bodrum, dem antiken **Halikarnassos**, empfohlen. (cf.

S. 29). Ein kurzer Weg führt zu der Ausgrabung eines Theaters, das ins 3. Jh. v.Chr. datiert wird. In dieser Stadt ist Herodot, der mit seinem Werk über die Perserkriege die Geschichtsschreibung begründet hat, ca. 485 v.Chr. geboren worden. Ca. 425 ist er gestorben.

Das Buch wäre nicht entstanden, wenn es nicht so viele Menschen gegeben hätte, die das Projekt mit ihren jeweiligen Kenntnissen und Fähigkeiten unterstützt haben.

Mein Freund und ehemaliger Kollege in der Schulleitung des Rabanus-Maurus-Gymnasiums in Mainz, Herr Ferdinand Scherf, Historiker und Germanist, hat durch kritische Fragen zahlreiche Verbesserungen und Erweiterungen angeregt.

Alfonso Mannella, Künstler und Lehrer, hat in guter und fruchtbarer Zusammenarbeit mit Dr. Markus Heinlein das Cover gestaltet.

Evelyn Hermann-Schreiber, Künstlerin und ehemalige Lehrerin, hat die Pläne der Casa Romana, der Stadt Kos, des Johanniterkastells und des Asklepieions gezeichnet.

Constanze Keutler hat sorgfältig Korrektur gelesen und sich die Mühe gemacht, die jeweils zu den Texten passenden Bilder zu finden.

Angelika Arnold hat den Text formatiert und die Bilder in den Text eingeordnet.

Die Gerd und Margarethe Krämmer-Stiftung hat einen großzügigen Beitrag zur Finanzierung der Druckkosten geleistet.

Professor Dr. Königshausen hat das Buch in sein Verlagsprogramm aufgenommen.

Ihnen allen schulde ich großen Dank.

Abb. 1: Lage der Inselgruppe Dodekanes im Ägäischen Meer

Abb. 2: Dodekanes – griechische Inselgruppe –
und kleinasiatische Küste

Abb. 3: Insel Kos

# Die Ägäis – Das Meer des Aigeus

Der Name der Ägäis, des Meeres, das sich zwischen dem griechischen Festland und der kleinasiatischen/türkischen Küste erstreckt, verweist auf einen Mythos, auf den König Aigeus von Athen. Er herrschte zu einer Zeit, als Kreta von Minos regiert wurde. Minos hat der minoischen Kultur seinen Namen gegeben, die in der 1. Hälfte des 2. Jahrtausends v.Chr. auf Kreta blühte. Die Athener waren ihm tributpflichtig, weil sie Schuld am Tod seines Sohnes Androgeos auf sich geladen hatten: Alle neun Jahre mussten sie ihm sieben junge Männer und sieben junge Mädchen schicken, die dem in das sagenhafte Labyrinth eingesperrten Minotaurus geopfert wurden. Auch er war ein Sohn des Minos, ein Ungeheuer, das teils ein Stier, teils ein Mensch war. Die Auswahl der todgeweihten jungen Menschen aus Athen geschah durch das Los. Als es wieder einmal so weit war, erklärte sich Theseus, der Sohn des Aigeus, bereit, als siebenter Mann ungelost mitzufahren. Er versprach, das Monster zu töten.

Er hatte Erfolg. Das Missgeschick ereignete sich danach: Aigeus hatte seinem Sohn für den Fall, dass er, wie erwünscht und erhofft, die Mission glücklich erfülle, folgenden Auftrag erteilt:

> *„Wenn deine*
> *Augen unsere Hügel erblicken, dann sollen die Masten*
> *von dem traurigen Kleid befreit werden und die gedrehten*
> *Taue weiße Segel hissen, damit ich sie so*
> *schnell wie möglich sehe und Grund zur Freude habe,*
> *wenn eine glückliche Zeit dich in die Heimat zurückbringt.“*
> *Theseus behielt bis jetzt diesen Auftrag in seinem Herzen.*
> *Jetzt entglitt er aber seinem Gedächtnis wie Wolken,*
> *die, vom Wind verjagt, des schneebedeckten Berges*
> *luftigen Gipfel verlassen. Der Vater spähte ängstlich*
> *von der Höhe der Burg; die ständig fließenden Tränen*
> *hatten die Augen getrübt. Kaum sah er das rot gefärbte*
> *Segel, stürzte er sich hinab von der Höhe des Felsens.*
> *Glaubte er doch, ein gnadenloses Schicksal habe*
> *Theseus vernichtet. So also war das Haus befleckt vom*

*Tod des Vaters, als der todesmutige Theseus*
*es betrat. ...*
(Catull – ca. 84 – ca. 54 v.Chr. – 64, VV. 233–246).

Da Aigeus auch eine Erscheinungsform des Meeresgottes Poseidon war, lebte er in den Tiefen des Meeres weiter, in das er sich gestürzt hatte.

Abb. 4: Relief des Windgottes Boreas (Nordwind)
auf dem Fries des Turms der Winde auf der römischen Agora von Athen

Wer auf der Ägäis reist, weiß, dass das kein ganz ungefährliches Abenteuer ist. Gerade in den Sommermonaten wehen die stürmischen Nordwinde. Die Griechen nennen sie *Etesien*, weil sie Jahr für Jahr (*étos – das Jahr*) aufzutreten pflegen, die Türken sprechen von *Meltemi.* Der Wind hieß *Boreas*; in einer der Geschichten des römischen Dichters Ovid (43 v.Chr. – 17/18 n.Chr.) stellt er sich so vor:

*Gewalt ist meine Domäne. Mit Gewalt vertreibe ich die*
*finsteren Wolken,*
*wühle mit Gewalt das Meer auf, knorrige Eichen*
*knicke ich, härte Schnee und schlage die Erde mit Hagel.*
*Treffe ich am heiteren Himmel meine Brüder,*

*das ist nämlich mein Schlachtfeld, dann strenge ich mich an und*
*ringe mit ihnen so, dass von unseren Kämpfen ein Donner*
*mitten durch den Äther dröhnt und Feuerstrahlen*
*aus den hohlen Wolken herausgeschleudert werden.*
*Steige ich hinab in die Tiefe der gewölbten*
*Erdengänge und lege ungestüm den Rücken*
*unter die untersten Höhlungen, scheuche ich die Toten*
*auf und lasse den ganzen Erdkreis erzittern.* (6, VV. 691–703).

Glücklich, wen die *Aphrodite Euploia* (zu *pléein – zur See fahren*), die Göttin, die eine gute Fahrt schenkt, nach glücklich überstandener Reise in den Schutz des Hafens von Kos geleitet.

Abb. 5: Die vom Sturm aufgewühlte Ägäis

Abb. 6: Der „Paradise Beach" in Kefalos

# Kos

## 1 Geographie, Geologie, Wirtschaft

Kos gehört zu der Gruppe der sogenannten *Zwölf Inseln – Dodekanés*. Der Name umfasst die Hauptinseln aus einer schier unendlichen Zahl meist unbewohnter kleiner Eilande. *Sporaden*, *Verstreute*, ist eine Bezeichnung, die alle Inseln der östlichen Ägäis außer den Kykladen umfasst.

Nach Rhodos und Karpathos ist Kos die drittgrößte Insel des Dodekanes. Sie ist lang und schmal, misst in der Länge ca. 45 km, in der Breite ca. 2 bis 10 km. Von der türkischen Stadt Bodrum ist sie weniger als 5 km entfernt.

Die Küstenlinien sind kaum gegliedert, sodass es nur einen Hafen bei der im Nordosten gelegenen Hauptstadt gibt, die wie die Insel *Kos* heißt. Das von Süden ansteigende *Dikaiosgebirge* erreicht eine Höhe von 864 m. Es flacht nach Norden ab und geht in eine fruchtbare Ebene über. Die Insel ist sehr wasserreich; im südlichen und zentralen Teil des Gebirges gibt es zahlreiche heiße Quellen. Wälder, die die Höhen in der Antike bedeckten, findet man heute nur noch an den Nordhängen.

Kos ist nicht vulkanischen Ursprungs, die Insel liegt auf der sog. *Ägäischen Inselplatte*: Die Afrikanische Platte bewegt sich auf sie zu, schiebt sich darunter und erzeugt so Spannungen, die sich in Erdbeben entladen. Zuletzt ist das am 21. Juli 2017 und am 25. März 2023 geschehen.

Kos ist fruchtbar. Es werden Obst und Gemüse, Oliven, Mandeln und Feigen geerntet. Der Ertrag reicht für den heimischen Bedarf. Für den Export wird nur noch Wein produziert. Der Tourismus ist die Haupteinnahmequelle.

Die Insel verfügt über Sandstrände, die das glasklare, saubere Meer säumen, und über Unterkünfte von einfachen Herbergen bis zu Hotels der Luxusklasse – für jeden Geldbeutel etwas. Auf dem Flugplatz landen Maschinen, die von vielen deutschen Flughäfen aus starten. Von Piräus aus erreicht man die Insel bequem mit dem Schiff. Man kann in der Empros-Therme baden und Krankheiten heilen, im Dikaiosgebirge wandern, den Meltemi zum Surfen nutzen. Schließlich kann man tief in die Geschichte eintauchen, alle Epochen von der Antike bis in die jüngste Zeit haben auf der Insel ihre Spuren hinterlassen. Sie hält vor allem die Erinnerung an den großen Arzt Hippokrates wach und lädt dazu ein, sich mit der Geschichte der Medizin zu beschäftigen. Die empirische Wissenschaft hat hier ihren Anfang genommen. Gerade auf diesen Aspekt möchte der vorliegende kulturhistorische Reiseführer die Aufmerksamkeit lenken.

Fast alle der ca. 35 000 Einwohner gehören der griechisch-orthodoxen Religion an. Die kleine Zahl der Muslime stammt aus alteingesessenen türkischstämmigen Familien. Die meisten Koer wohnen in der Hauptstadt.

Heute ist Kos wegen der Nähe zum Festland das Ziel vieler Flüchtlinge.

Übrigens: In der neugriechischen Aussprache ist das *o* des Inselnamens kurz und offen, das *s* stimmlos. In der Antike wird man das o, ein Omega, auch offen, aber lang ausgesprochen haben.

Und noch etwas: Es heißt *der* Dodekanes, obwohl sich das Wort aus *dódeka – zwölf* und *nes*, verkürztem *nésos – Insel*, zusammensetzt und *nésos* im Altgriechischen ein Substantiv weiblichen Geschlechts ist. Es geht dem Dodekanes wie der Pelopsinsel, die auch als der Peloponnes in das männliche Geschlecht überführt worden ist.

# 2 Geschichte

## 2.1 Die Perserkriege (500–479 v.Chr.)

- Ein Mythos erzählt, dass Herakles einmal auf die Insel Kos gekommen und dort in Kämpfe verwickelt worden sei. Er habe gesiegt und die Königsherrschaft errungen. (Plutarch, Quaestiones Graecae, 58). Einer seiner Gegner sei Antagoras gewesen. In der Stadt befindet sich ein Denkmal, das die beiden Heroen im Kampf zeigt. (cf. S. 134/135).

- Grabungsfunde weisen darauf hin, dass die fruchtbare und waldreiche Insel schon im ausgehenden Neolithikum (2500–1800) von Kleinasien aus besiedelt worden ist. Ihr Name ist vorgriechisch.

- Seit dem 16. Jahrhundert stand sie unter dem Einfluss der kretisch-minoischen, seit der Mitte des 15. Jahrhunderts unter dem der kretisch-mykenischen Kultur, deren Zentrum die Burg Mykene in der Argolis war.

- Um 1050 wanderten Dorer ein. Nach Herodot, dem aus Halikarnassos stammenden griechischen Geschichtsschreiber (ca. 485 – ca. 425 v.Chr.), stammten sie aus Epidauros auf dem Peloponnes. (7,99). Ein Nachkomme des Herakles, Thessalos, sei der Stammvater gewesen. Der Name des Herakles verweist auf die dorische Herkunft der Koer. Herakles wurde vornehmlich von den Dorern verehrt. Er ist in den koischen Mythen allgegenwärtig.

- In der um 700 v.Chr. verfassten homerischen Ilias heißt die Insel *gut bewohnt* (14, V. 255; 15, V. 28), und wir entnehmen dem Epos, dass sie am Trojanischen Krieg teilgenommen hat, den man, wenn es ihn gegeben hat, auf den Zeitraum von 1750–1250 datiert. (2, V. 677).

- Im 7. Jahrhundert schloss sie sich mit fünf anderen Städten zu einem Dorischen Bund, *Hexápolis*, zusammen, zu dem Halikarnassos und Knidos in Kleinasien und die Städte Lindos, Jalysos und Kameiros auf Rhodos gehörten. Das kultische Zentrum war das Apollonheiligtum in Knidos. Entsprechend gab es einen jonischen Bund, der zwölf Städte umfasste. *Paniónion* hieß das Heiligtum auf dem Ausläufer des ebenfalls in Kleinasien – gegenüber der Insel Salamis – gelegenen Mykalegebirges, in dem sie gemeinsam Poseidon verehrten.

  Dorer und Jonier unterschieden sich durch die Sprache. Aus der gemeingriechischen Sprache hatten sich Dialekte entwickelt, deren Unterschiede nicht so groß waren, dass die Menschen sich nicht miteinander hätten verständigen können. Sie fühlten sich derselben Kultur und Zivilisation zugehörig, nannten sich mit demselben Namen *Achaier* und glaubten an dieselben olympischen Götter. Trotzdem besaßen sie ein je eigenes Identitätsbewusstsein.

- Im 6. Jahrhundert kam Kos unter den Einfluss der Perser, die dem Großkönig wohlgesinnte Tyrannen einsetzten.

- Als sich 500 v.Chr. die jonischen Städte in Kleinasien gegen das Perserreich erhoben, schloss sich ihnen das dorisch besiedelte Kos nicht an. In der Schlacht bei Salamis (480) stand die Insel auf der Seite der Perser, in deren Auftrag eine Frau, Artemisia, die Vasallenherrschaft über Kos ausübte.

Von ihr berichtet Herodot in seinem Werk über die Perserkriege:

> *Ich sehe keine Notwendigkeit, die anderen Flottenführer zu erwähnen außer Artemisia. Ich bewundere diese Frau, die an dem Heereszug gegen Griechenland teilnahm, in hohem Maß. Nach dem Tod ihres Gatten hatte sie die Herrschaft übernommen. Obwohl sie einen Sohn im Mannesalter hatte, zog sie, ohne dazu gezwungen zu sein, entschlossen und mutig in den Krieg. Sie hieß Artemisia. Sie befehligte die Schiffe aus Halikarnassos (und aus den Inseln) Kos, Nisyros und Kalydna, fünf Schiffe. Von dem Gesamtaufgebot gewannen sie nach den Schiffen von Sidon den größten Ruhm.* (7,99).

Durch den Aufstand waren die griechischen Städte Kleinasiens und die Inseln des Dodekanes in einen Konflikt geraten. Sie waren einerseits Untertanen des Perserkönigs und zur Heeresfolge verpflichtet, andererseits Griechen, die sich in einen Krieg mit Griechen verwickelt sahen.

Abb. 7: Wilhelm von Kaulbach (1805–1874): Die Seeschlacht bei Salamis, 1868, Maximilianeum (Bayerischer Landtag), München

Das Dilemma zeigt das Verhalten der Samier: Sie hatten sich zunächst den aufständischen Joniern angeschlossen, dann aber die Seiten gewechselt.

> *Sie nahmen die große Unordnung bei den Joniern wahr, und zugleich erschien es ihnen unmöglich, die Macht des Perserkönigs zu überwinden. ... Sie erachteten es als einen Vorteil, ihre Heiligtümer und ihren Besitz zu retten.*

Als es 496 bei Lade – einer kleinen Insel vor Milet – zu einer Seeschlacht kam, verließen sie die Jonier und segelten nach Samos zurück:

> *außer elf Schiffen. Deren Befehlshaber blieben und nahmen gegen den Befehl ihres Feldherrn an der Schlacht (gegen die Perser) teil. Wegen dieser Tat ehrte sie die Gemeinde der Samier. Sie ließ ihre Namen und die Namen ihrer Väter in eine Säule einmeißeln, da sie sich als ehrenwerte Männer erwiesen hatten. Die Säule steht auf dem Marktplatz.* (Herodot, 6,13/14).

Die jonischen Griechen erlitten eine Niederlage.

So konnte der Krieg nicht nur die griechischen Städte, sondern sogar die Menschen in einer Stadt entzweien. Von den Bewohnern der kleinen Insel Kos hören wir nichts dergleichen. Sie blieben persische Untertanen.

Abb. 8: Münze aus Kos, Vorderseite: Kopf des Asklepios mit Lorbeerkranz; Rückseite: ΚΩΙ-ΩΝ / ΕΥΚΑΡΠΟΣ / Α. (der für die Ausgabe verantwortliche Beamte). Sich aufrichtende eingerollte Schlange, ca. 200 v.Chr. Sie verweist auf den Gott Asklepios. Münzkabinett Berlin

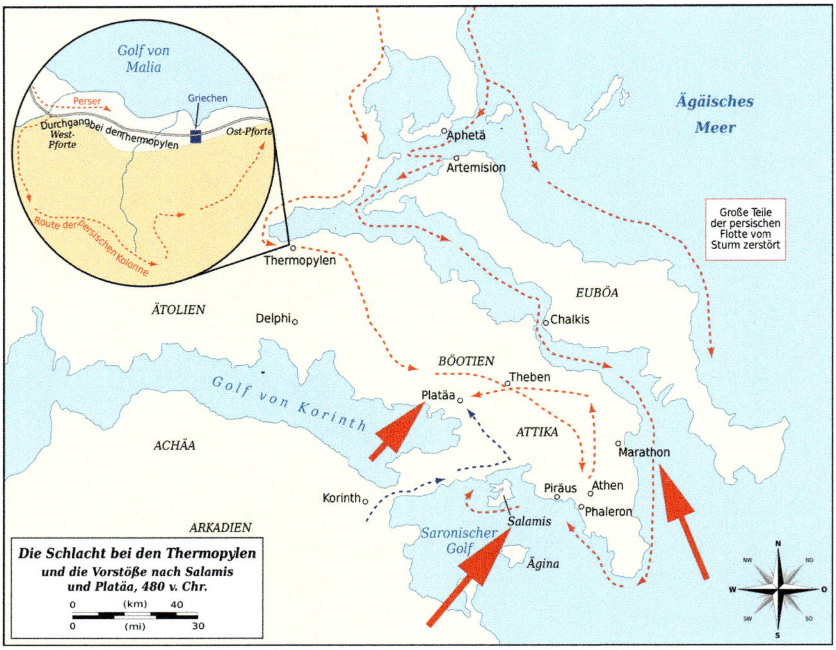


Abb. 9: Karte der Schlachtorte der Perserkriege

Als dann allerdings die Griechen die Perser in den Schlachten bei Marathon (490), bei den Thermopylen (480), bei Salamis (480) und schließlich bei Plataiai in Böotien und Mykale in Kleinasien (479) besiegt hatten, beeilten sie sich, dem neu gegründeten Attisch-Delischen Seebund beizutreten (478).

## 2.2 Der erste Attisch-Delische Seebund (478–404 v.Chr.)

Den größten Beitrag zum Sieg der Griechen hatten die Athener geleistet. Sie wollten die perserfreundlichen Inseln nicht ungeschoren davonkommen lassen. Es heißt, der siegreiche Feldherr Themistokles habe von ihnen Geld gefordert und gedroht, er werde sie, falls sie die Zahlung verweigerten, mit der hellenischen Flotte belagern und erobern. (Herodot, 8,112).

Die Athener hatten die Gunst der Stunde genutzt und 478/477 einen Seebund gegründet. Er erhob den Anspruch, die kleinasiatischen Küstenstädte und die ägäischen Inseln vor einem erneuten Angriff der Perser zu schützen. Die Mitglieder mussten sich verpflichten, entweder Schiffe zu stellen oder einen Tribut zu leisten. Das Geld wurde zunächst im Tempel des Apollon auf der Insel Delos, seit 454 auf der Akropolis in Athen aufbewahrt. Die Mitglieder waren formal gleichberechtigt, tatsächlich aber dominierte Athen. Der griechische Geschichtsschreiber Thukydides (ca. 455 – ca. 400), der ein Werk über den Peloponnesischen Krieg (431–404) verfasst hat, schreibt:

> *Die Athener führten ein strenges Regiment und zeigten Härte jenen gegenüber, die nicht gewohnt oder nicht willens waren, sich anzustrengen. In diesen Fällen griffen sie zu Zwangsmaßnahmen. Auch sonst übten sie die Herrschaft bald nicht mehr zur Zufriedenheit der Bundesgenossen aus. Sie betrachteten sie bei Kriegszügen nicht als gleichberechtigt und konnten die Abtrünnigen leicht wieder in ihre Gewalt bringen. Daran waren die Bundesgenossen selbst schuld. Wegen ihrer Abneigung gegen den Kriegsdienst waren die meisten, um nicht fern von der Heimat Dienst leisten zu müssen, die Verpflichtung eingegangen, statt Schiffe zu stellen, lieber den auferlegten Beitrag zu zahlen. Auf diese Weise vergrößerten sie mit ihren Abgaben die Flotte der Athener, während sie selbst, wenn sie abfielen, ungeübt und unerfahren in den Krieg eintraten.* (1,30).

So war es kein Wunder, dass es immer wieder Abtrünnige gab, aber ebenso, dass sie keinen Erfolg hatten.

Kos kam das Bündnis mit Athen teuer zu stehen. Seit 431 standen sich Athen und Sparta im Peloponnesischen Krieg feindlich gegenüber. 412 eroberte eine spartanische Flotteneinheit die Insel. Sie hatte leichtes Spiel, da sich 413 auf der Insel Nisyros ein Vulkanausbruch ereignet und auf Kos große Schäden angerichtet hatte. Von Thukydides erfahren wir:

> *Astyochos landete ... auf Kos ... und zerstörte die Stadt, die unbefestigt war; sie war schon vorher von einem Erdbeben, das in dieser Gegend seit Menschengedenken das*

*schwerste war, verwüstet worden. Die Menschen waren in die Berge geflohen. Bei Attacken machte die (spartanische) Einheit auf dem Land Beute. Sie schonte nur die Freigeborenen. Diese ließ sie ungeschoren.* (8,41).

Ein Versuch, sich von Athen zu lösen, scheiterte.

Noch rechtzeitig vor der Niederlage Athens (404) schloss sich Kos 405 den Spartanern an, um sie 394 wieder im Stich zu lassen, als die Perser der spartanischen Vormachtstellung durch einen Seesieg bei Knidos endgültig ein Ende bereitet hatten.

Mussten die Koer sich am Anfang des 5. Jahrhunderts zwischen den Persern und den Griechen entscheiden, so kam es nun, ca. 100 Jahre später, darauf an, nicht in den Sog einer Niederlage erst Athens, dann Spartas, hineingezogen zu werden. Das gelang den Koern wie 405 so auch 394.

## 2.3 Die Herrschaft des Maussolos (377–355 v.Chr.) und sein Grabmal, das Mausoleum, in Halikarnassos/Bodrum

Ungeachtet der Bündnisse mit Athen und Sparta gehörten die griechischen kleinasiatischen Städte und die Inseln des Dodekanes nach wie vor zum Perserreich. So blieb es auch, als 387/386 ein Friedensvertrag zwischen dem Perserreich und Athen und Sparta geschlossen wurde.

Im Südwesten Kleinasiens hatte sich 377 v.Chr. Maussolos als persischer Satrap eine von dem König weitgehend unabhängige Herrschaft geschaffen. Während seiner Regierungszeit schufen die Koer 366 einen Einheitsstaat (*Synoikismós*) und verlegten ihre Hauptstadt *Astypálaia – Alte Stadt* aus dem Süden (sie lag in der Gegend von Kefalos) in den Osten der Nordküste – an die Stelle, an der sie noch heute existiert. Wir erfahren das von Diodor, einem aus Sizilien stammenden Historiker, der zwischen 60 und 30 v.Chr. eine *Historische Bibliothek* verfasst hat, eine Universalgeschichte von der Entstehung der Welt bis zum Jahre 59:

*Die Koer siedelten sich in der noch jetzt bewohnten Stadt an und bauten sie glänzend aus. Eine Menge Menschen zog in sie ein, prächtige Mauern wurden errichtet, und ein bedeutender Hafen wurde erbaut. Seit dieser Zeit wuchs die Stadt durch öffentliche Einkünfte und den Reichtum der Bürger. Sie konnte in jeder Hinsicht mit den Städten von erstem Rang wetteifern.* (15,76).

Der Historiker und Geograph Strabon (63 v.Chr. – ca. 23 n.Chr.) aus Amaseia am Schwarzen Meer bemerkt in seiner auf Griechisch verfassten *Geographicá:*

*Die Stadt ist zwar nicht groß, aber eine schöne Gründung, und sie bietet einen herrlichen Anblick für alle, die an ihr vorüberfahren.* (657).

Abb. 10: Statue des Maussolos, Skulptur von seinem Grabbau, Nordseite des Mausoleums von Halikarnassos, ca. 350 v.Chr., Britisches Museum, London

Der Reichtum der Bürger kam der Stadt zugute, weil sich diejenigen, die es sich leisten konnten, durch Wohltaten hervortaten, durch die Errichtung öffentlicher Gebäude oder die Finanzierung von Spielen. Sie sicherten sich auf diese Weise Einfluss. Man wählte sie in Ämter und ehrte sie durch Inschriften oder errichtete ihnen sogar Ehrenstatuen.

Mit dem Namen des Maussolos ist der Begriff des *Mausoleums* verknüpft.

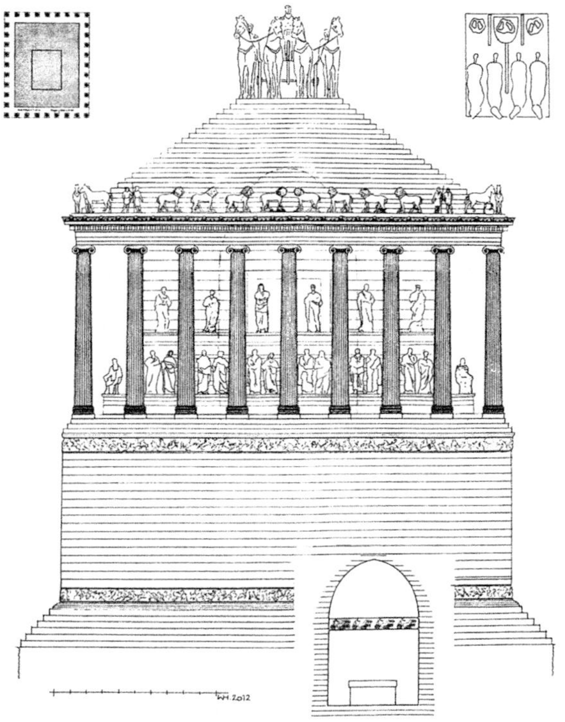

Abb. 11: So könnte das Mausoleum ausgesehen haben, ein Vorschlag unter vielen

In Sichtweise von Kos liegt die türkische Stadt Bodrum, die in der Antike Halikarnassos hieß. Maussolos hat sie zur Hauptstadt seiner Satrapie gemacht und zu einer glänzenden Metropole ausgebaut. Ein schwacher Abglanz ihrer einstigen Größe sind aber nur noch die Ruinen des marmornen Grabmals, das er geplant hat und das seine Schwester und Gemahlin Artemisia nach seinem Tod hat errichten lassen. Es war nicht nur wegen seiner Größe berühmt, sondern auch wegen seines Bildschmucks, das die damals bedeutendsten griechischen Künstler geschaffen hatten. Die Johanniter haben es im 15. Jahrhundert zum großen Teil abgetragen, um das Material zum Bau ihrer Ritterburg *Sankt Peter* zu benutzen. (cf. S. 82). Die Friesplatten mit dem *Kampf der Amazonen gegen die Griechen* kann man im British Museum in London bewundern.

Darüber, wie das Denkmal einmal ausgesehen hat, gehen die Meinungen der Fachleute auseinander.

Eine der vielen Rezeptionen ist der Grabbau, den sich Augustus im Jahr 28 v.Chr. in Rom hat errichten lassen. Strabon spricht von dem *so genannten Mausoleum* (5, 3, 8/9). Der Kaiser wollte sich damit in die Zahl der hellenistischen Fürsten und Könige einreihen.

Der Name der Stadt Halikarnassos verdient auch deshalb erwähnt zu werden, weil Herodot, den Cicero den *Vater der Geschichtsschreibung, pater historiae*, nennt (de leg. 1, 15), hier ca. 485 v.Chr. geboren worden ist. In seinem großen Geschichtswerk über die Perserkriege behandelt er als Erster den Antagonismus Asiens und Europas, des Orients und des Okzidents, des Despotismus und der Freiheit. Er ist ca. 425 gestorben.

Abb. 12: Marmorbüste des Herodot, römisch, 2. Jh. v.Chr., Metropolitan Museum of Art, New York

## 2.4 Alexander der Große und die Diadochen (334–168 v.Chr.)

Die Inseln des Dodekanes blieben unter persischer und karischer Herrschaft, bis Alexanders Makedonen sie 332 befreiten:

> *Alexander hatte Amphoteros mit sechzig Schiffen nach Kos entsandt. Die Koer hatten die Makedonier gebeten, ihnen zu Hilfe zu kommen. Als Alexander selbst nach Kos segelte, fand er es bereits im Besitz des Amphoteros. Hegelochos brachte ihm die Gefangenen außer Pharnabazos, der mit seinen Wächtern an Bord eines Schiffes gegangen und entkommen war. Alexander sandte die Tyrannen, die aus den Städten zu ihm kamen, in ihre Städte zurück. Die Bewohner sollten mit ihnen verfahren, wie sie wollten.*
>
> (Arrian aus Bithynien – ca. 100 – ca. 170 n.Chr. – Anabasis Alexanders, 3,2,6).

Die Koer hatten sich wieder einmal rechtzeitig der richtigen Seite angeschlossen.

Abb. 13: „Alexanderschlacht“ (Ausschnitt), Mosaik, ca. 150–100 v.Chr., Pompeji

Alexander, der den Beinamen *der Große* erhielt, lebte von 356–323. Seit 336 war er König von Makedonien, 334 hatte er seinen Feldzug gegen Persien begonnen. Nach seinem Sieg über das persische Heer am Granikos, einem Fluss, der in der Troas entspringt und in das Schwarze Meer mündet, eroberte er die Westküste Kleinasiens und die ihr vorgelagerten Inseln, ohne auf nennenswerten Widerstand zu stoßen. Nur Milet und Halikarnassos leisteten Gegenwehr.

Maßgebend für das Verhalten der griechischen Städte und Inseln war weniger das Bewusstsein griechischer Identität als vielmehr eine feindliche Stimmung gegenüber der Herrschaft der von den Persern protegierten Tyrannen und Oligarchen und Unmut über die ihnen auferlegten hohen Steuern. Alexander erklärte die Städte und Inseln für frei und richtete demokratische Ordnungen ein. Die nunmehr autonomen Stadtstaaten schlossen mit ihm einen Bündnisvertrag und unterstützten ihn mit Geldbeträgen. Alexander drang bis nach Indien vor, bevor er sich gezwungen sah, umzukehren. Er starb 323 in Babylon.

Abb. 14: Das Reich Alexanders des Großen in seiner territorialen Ausdehnung im Jahr seines Todes 323 v.Chr.

Mit seinem Tod beginnt die Zeit, die man als *Hellenismus* bezeichnet, weil sich in ihr die griechische Kultur weit über Griechenland hinaus verbreitete. Eine gemeingriechische Sprache, die *Koiné*, erleichterte die gegenseitige Verständigung. Es war eine Zeit des Aufbruchs und einer neuen kulturellen Blüte. In der Nachfolge des Sokrates wandten sich Philosophen – die Stoiker, Epikureer, Skeptiker – der Frage nach dem Glück, nach den Bedingungen eines gelingenden Lebens, zu. Theokrit gründete mit der *Bukolik* ein neues literarisches Genus, Apollonios Rhodios ging in der Epik, Kallimachos in der Lyrik neue Wege. Euklid verfasste ein mathematisches Lehrbuch, Eratosthenes berechnete den Erdumfang, Aristarch verfocht die These, dass sich die Erde um die Sonne dreht, Archimedes – Mathematiker, Physiker, Techniker – fand unter anderem das Gesetz des Hebels und des statischen Auftriebs. Die Neue Komödie brachte Egoisten und Typen wie den Menschenfeind auf die Bühne. Mysterienkulte gewannen an Bedeutung. Die ägyptische Göttin Isis eroberte die Welt. Tyche, die Göttin des Schicksals und des Glücks, wurde eine beliebte Schutzgöttin von Individuen und Städten.

König Alexander hatte es versäumt, seine Nachfolge zu regeln. Das Reich zerfiel. Aus heftigen Kämpfen derer, die die Nachfolge beanspruchten, der *Diadochen (*zu *diádochos – Nachfolger)*, gingen schließlich drei Reiche hervor:

Als stärkstes und stabilstes erwies sich das von Ptolemaios I. *Sotér (Retter)* regierte **Ägypten.** Ptolemaios war seit 323 Statthalter in Ägypten, 305/304 nahm er den Königstitel an.

Die von Alexander gegründete Stadt Alexandria entwickelte sich zu einer bedeutenden Metropole der Wissenschaft und Kultur. Ptolemaios schuf mit dem *Museíon* eine Stätte, die Forschern und Dichtern die Möglichkeit bot, ihre Tätigkeit auf den ihnen jeweils eigenen Gebieten sorglos und in Freiheit auszuüben. Ihnen stand eine Bibliothek zur Verfügung, die über den umfangreichsten Bücherbestand der damaligen Welt verfügte. Im 7. Jh. n.Chr. wurde er auf Befehl eines Kalifen ein Opfer der Flammen, weil die Texte keine Botschaft des Islam enthielten. Alexandrias einzige Konkurrenz war die Bibliothek in Pergamon.

Texte wurden gesammelt, katalogisiert, redigiert, kommentiert und ediert.

Seleukos I. *Nikátor (Sieger)* gründete in Asien das nach ihm benannte **Seleukidenreich**, das schließlich so disparate Gebiete wie den Iran, Mesopotamien, Syrien und Kleinasien umfasste. Auch er nahm 305/304 den Königstitel an. Als Haupt- und Residenzstadt gründete er Antiochia am Orontes. 281 wurde er ermordet.

Als erster Diadoche hatte sich Antigonos I. *Monóphthalmos (der Einäugige)* 306 zum König ernannt. Zu seinem Reich gehörten **Makedonien**, Thrakien und Thessalien. 301 fiel er in einer Schlacht.

Abb. 15: Vincenzo Camuccini (1771–1844): Ptolemaios II. prüft eine Rolle Papyrus, 1813, Museo di Capodimonte, Neapel

Die Könige der drei Reiche setzten alle partikularen Gesetze außer Kraft. Sie betrachteten ihr Gebiet als ihr Eigentum. Die Bürger waren steuerpflichtig, mussten Kriegsdienst leisten und Einquartierung erdulden. Anlass zu Kriegen gab es immer. Durch sie mussten sich die Herrscher legitimieren, in ihnen mussten sie sich bewähren. Gern erwiesen sie sich auch als Wohltäter, um die Gunst der Untertanen zu gewinnen. Sie wollten den reichen Bürgern nicht nachstehen. Sie statteten die Städte prächtig aus. Dafür ließen sie es sich gefallen, wenn man ihnen göttliche Ehren zuteilwerden ließ. Diese Art, Wohltaten zu erweisen, bezeichnet man als *Euergetismus*. Sie ist ein Kennzeichen des Hellenismus.

Den griechischen Stadtstaaten in Kleinasien und auf den Inseln wurde die Möglichkeit eigener Gestaltung gewährt. Diese Selbstständigkeit verdankten sie nicht ihrer Macht als vielmehr der Tatsache, dass die Könige, Herren über eine Vielzahl von Barbaren, auf eine Verbindung zum Griechentum nicht verzichten wollten und konnten.

Als 309 die Ptolemaier die Herrschaft über Kos übernahmen, begann für die Insel eine wirtschaftliche und kulturelle Blütezeit. 308 wurde der Sohn Ptolemaios' I., der spätere Ptolemaios II., auf der Insel geboren. Er war von 285–283 Mitregent seines Vaters, dann bis zu seinem Tod 246 Alleinherrscher. Er erhielt den Beinamen *Philádelphos (geschwisterliebend)*, weil er seine Schwester geheiratet hatte. Geschwisterehen waren im Königshaus durchaus üblich.

Abb. 16: Theokrit auf einer antiken Münze mit Tieren

Der oben erwähnte Dichter Theokrit (1. Hälfte des 4. Jh.), der aus Syrakus stammte, hat sich eine Zeit lang auf Kos aufgehalten. Er hat ein Preislied auf Ptolemaios II. verfasst. Darin heißt es:

*Thetis, die Göttin mit tiefem Gewandbausch, gebar dem*
*Aiakiden Peleus den Speerwerfer Achilleus, dich aber,*
*Held Ptolemaios, gebar die herrliche Berenike dem*
*Helden Ptolemaios.*

*Kos nahm dich, den neugeborenen Säugling, zu sich,*
*empfing dich von der Mutter, kaum hattest du die*
*Morgenröte erblickt.*
*Dort nämlich hatte Antigones Tochter, von den Schmerzen*
*der Wehen gequält, die gürtellösende Eileithyia angerufen;*
*die stand ihr freundlich bei und nahm ihr den Schmerz*
*aus dem ganzen Körper. Der liebenswürdige Knabe*
*wurde dem Vater ähnlich. Kos frohlockte bei dem Anblick,*
*nahm den Säugling in die Arme und sprach:*
*„Mögest du ein glücklicher junger Mann werden. Mögest du*
*mich so ehren, wie der mit einem blauen Diadem*
*geschmückte*
*Phoibos Apollon Delos geehrt hat; mögest du die*
*Triopische Höhe ehren, indem du den in der*
*Nachbarschaft wohnenden Dorern dasselbe Geschenk*
*machst, wie es der Gott Apollon aus Zuneigung*
*der Insel Rheneia gemacht hat."*
*So sprach die Insel. Da ließ der große Adler hoch*
*aus den Wolken dreimal seine Stimme erschallen,*
*der Glück verheißende Vogel. Das war doch wohl*
*ein Zeichen des Zeus.* (17, VV. 55–73).

Der Dichter setzt die Insel, die er personifiziert, in Beziehung zu der Kykladeninsel Delos, auf der Leto die Zwillinge Apollon und Artemis geboren hat. Sie wurde ein Zentrum des Apollonkultes. Hoffte der Dichter, auf Kos werde sich ein Ptolemaioskult entwickeln?

Er hat sich getäuscht, Hygieia, die Göttin der Heilkunst, hat dem König den Rang abgelaufen.

Ptolemaios war ein Liebhaber der Kunst, er reformierte die Verwaltung und Justiz und stiftete einen Kult für seine Eltern. Er holte den Leichnam Alexanders nach Alexandria. Wo er ihn begraben hat, weiß man bis heute nicht. In zahlreichen Kriegen behauptete er seine Besitzungen in Kleinasien und der Ägäis. Das Asklepieion und prächtige Bauten in der Stadt Kos erinnern an die Glanzzeit: Es entstand eine Agora mit einer Säulenhalle, einem Tempel des Herakles und einem Heiligtum der Aphrodite Pandemos, unter deren Schutz die Bewohner des Hafenviertels standen, nicht zuletzt die Prostituierten; ein Theater wurde erbaut. (cf. S. 71ff.).

Die Insel hielt stets an freundschaftlichen Beziehungen zu Ägypten fest, selbst, als die Ägäis von den Makedoniern beherrscht wurde.

Eine zweite Blütezeit erlebte die Insel, als Rhodos 167 durch Rom seine beherrschende Stellung verlor. Das Asklepieion wurde neu gestaltet, jüdische und italische Kaufleute wanderten ein, Latifundien entwickelten sich, Kalymnos ging in den Besitz von Kos über.

## 2.5 Ein hellenistischer Dichter auf Kos – Theokrit

Außer Hippokrates und Ptolemaios hat Kos keine berühmten Persönlichkeiten aufzuweisen, die auf der Insel geboren wurden. Aber von einem berühmten Dichter weiß man wenigstens aus seinem Werk, dass er auf Kos gelebt hat: Theokrit, der Verfasser des Preisliedes auf Ptolemaios II. Er hat das literarische Genus der *Bukolik* begründet, *bukólos* heißt Rinderhirt, und Hirten treten in seinen Gedichten auf, die man in der Antike als *eidýllia* bezeichnet hat, als *kleine Bilder*, d.h. kleine Gedichte. Es sind dreißig, von denen zweiundzwanzig als echt gelten. Unser Wort *Idylle* ist von der griechischen Bezeichnung abgeleitet. Wir verstehen darunter eine Dichtung, die das einfache Leben in der friedlichen Natur darstellt und idealisiert. Diese Charakterisierung trifft nur auf einen Teil der Eidyllia/Idyllen zu.

Die Hirten hatten ein berühmtes Vorbild, den homerischen Eumaios, obwohl der treue Sklave des Odysseus nicht Rinder gehütet hat, sondern Schweine.

Als Versmaß hat Theokrit den für das Epos charakteristischen Hexameter gewählt, ohne sich mit Homer messen zu wollen. Im Gegenteil: Seine Kunst entfaltet sich gerade im kleinen Format.

Seine feine Zeichnung der einfachen Menschen, seine einfühlsamen Schilderungen der Natur mögen für die an den Luxus der Städte gewöhnten Zeitgenossen eine willkommene Abwechslung geboten haben. Da die Menschen in den hellenistischen Reichen nur noch wenig Einfluss auf die Politik nehmen konnten, lenkten sie ihr Interesse auf das Leben auf dem Land, richteten sie ihre

Aufmerksamkeit auf den einzelnen, auf seinen Charakter. Man begann, Biographien zu verfassen.

Die Tradition der Hirtengedichte hat in Rom vor allem Vergil (70–19 v.Chr.) mit seinen *Bucolica* aufgegriffen und mit den Problemen seiner Zeit verknüpft, in der sich die Menschen nach den Bürgerkriegen nichts sehnlicher wünschten als Frieden.

Zwei Gedichte, deren eines ein Erntefest auf Kos schildert, mögen einen Eindruck von der hellenistische Literatur vermitteln.

Abb. 17: Eduard Mörike, Lithografie von Bonaventura Weiß, 1851

Eduard Mörike (1804–1875) hat einige Gedichte Theokrits übersetzt, so auch das 16., in dem wir erfahren, dass der Dichter sich mit der Bitte um finanzielle Unterstützung an Hieron II., den König seiner Heimatstadt Syrakus, gewandt hat – vergeblich. Er hat es offenbar nicht leicht gehabt, sich seinen Lebensunterhalt zu verdienen. In dem folgenden Gedicht beklagt er sich, aber nicht nur über sein Missgeschick, sondern, es verallgemeinernd, darüber, dass reiche Leute sich zu wenig für Literatur interessieren. Nur reiche Leute?

fragen wir Menschen des 21. Jahrhunderts, die wir unsere Blicke nur noch mühsam von unseren Smartphones wenden. Theokrits Repertoire umfasst weit mehr Themen als nur Hirten und Natur.

*Die Chariten*

*Immer bedacht sind die Töchter des Zeus und immer die Sänger,*
*Götter zu feiern, zu feiern den Ruhm großherziger Männer.*
*Himmlische sind sie, die Musen, und Himmlische singen von Göttern,*
*wir sind Sterbliche nur, und Sterbliche singen von Menschen.*
*Wer von allen doch nun, so vielen der blauliche Tag scheint,*
*öffnet unsern Chariten wohl und nimmt sie mit Freuden*
*auf in das Haus und schickt sie nicht ohne Geschenke von dannen?*
*Murrend kehren sie wieder mit nackten Füßen nach Hause,*
*schelten bitter auf mich, daß umsonst den Weg sie gewandert;*
*und mit Verdruß dann wieder am Boden des ledigen Kastens*
*harren sie, niedergebeugt auf die kalten Kniee das Antlitz.*
*Dort ist ihr trauriger Sitz, wenn gar nichts frommte die Sendung.*
*Sagt, wo ist noch ein Freund? Wer liebt den rühmenden Sänger?*
*Nein, nicht trachten die Männer, um herrliche Taten wie vormals*
*jetzo gepriesen zu sein, sie beherrscht nur schnöde Gewinnsucht.*
*Jeglicher hält im Busen die Hand und sinnt, wie das Geld ihm*
*wuchere; traun, er verschenkte nicht Ein verrostetes Scherflein,*
*sondern da sagt er gleich: „Mir ist näher das Knie wie das Schienbein!*
*Hab' ich nur selber etwas! Den Dichter, den segnen die Götter!*
*Aber was brauchen wir ihn? Für alle genug ist Homeros.*
*Der ist der beste der Dichter, der nichts von dem Meinen davonträgt."*
*Toren! Was nützen euch denn im Kasten die Haufen des Goldes?*
*Das ist nicht der Gebrauch, den Verständige machen vom Reichtum,*
*sondern dem Herzen ein Teil und ein Teil den befreundeten Dienern!*
*Gutes an vielen Verwandten und vielen der anderen Menschen*
*tun; allzeit auch mit Opfern der Götter Altäre besuchen;*
*nimmer dem Gast ein kargender Wirt sein, sondern ihn reichlich*
*pflegen am Tisch und entlassen, wann selbst er zu gehen verlanget.*
*Aber in Ehren zuerst die heiligen Priester der Musen! ...*

*Nur durch die Musen erwächst den Menschen der herrliche Nachruhm,*
*aber die Schätze der Toten verprassen die lebenden Erben.*
*Doch es ist ebenso schwer, am Strande die Wellen zu zählen,*
*wenn sie vom blaulichen Meere der Wind zum Gestade daher treibt,*
*oder im schimmernden Quell den tonigen Ziegel zu waschen,*
*als zu dem Manne zu sprechen, den ganz hinnahm die Gewinnsucht.*
*Mag er doch gehn! Und mag sein Geld sich häufen unendlich,*
*und die Begierde nach mehr ihm rastlos zehren am Herzen:*
*ich will lieber die Ehr' und die freundliche Liebe der Menschen ...*
*Nimmer doch laß' ich von euch! Denn was bleibt Holdes den Menschen*
*ohne die Chariten? Möchte ich nur stets mit den Chariten leben.*
(VV.1–29; 58–66; 108/109).

Eduard Mörike, Pfarrer, Privatier, Lehrer, hat sich dem Dichter verwandt gefühlt. Wie dieser musste er *die Spannungen von Kunst und Leben, von Beruf und Berufung, die Bitterkeit vieler dunkler Stunden und innerer Not durch seine Dichtung* ausgleichen. (Grabert/Mulot, a.a.O., S. 304). In seinem Lobgedicht auf Theokrit hat er so manches Motiv aus dessen 16. Idylle aufgegriffen.

*Theokrit*

*Sei, o Theokritos, mir, du Anmutsvollster, gepriesen!*
*Lieblich bist du zuerst, aber auch herrlich fürwahr,*
*wenn du die Chariten schickst in die Goldpaläste der Reichen,*
*unbeschenkt kehren sie dir, nackenden Fußes, zurück.*
*Müßig sitzen sie wieder im ärmlichen Hause des Dichters,*
*auf die frierenden Knie traurig die Stirne gesenkt. ...*
*klangvoll fährst du dahin! Dich kränzte Kalliope selber,*
*aber bescheiden, ein Hirt, kehrst du zur Flöte zurück.*

Mögen die Snobs seine Kunst auch verachtet haben, Kalliope, die Muse der erzählenden Dichtung, hat ihn bekränzt, Dichtung trägt ihren Wert in sich selbst. Damit wird sich Mörike wohl auch selbst getröstet haben.

Die Übersetzung des folgenden Ausschnitts aus der 7. Idylle stammt nicht von Mörike, sondern von seinem Zeitgenossen Friedrich Notter (1801–1884).

Ort der Handlung ist Kos.

*Das Erntefest*

*Jüngsthin war's. Ich selbst und Eukritos gegen den Haleus*
*schlenderten weg von der Stadt und mit uns ein Dritter*
*Amynthas. ...*
*Uns führet der Weg zum Feste der Garben, vertraute*
*Männer bestellen ein Mahl der Demeter, der prächtig*
*umhüllten,*
*Erstlinge ihres Ertrags, denn hoch aufsteigenden Maßes*
*hat mit ergiebigem Korne die Göttin die Tenne erfüllet.*

Unterwegs trafen sie Lykidas, einen Geißhirten. Der Erzähler, Simichides und Lykidas verabredeten, sich die Zeit so lange mit Hirtenliedern zu vertreiben, bis ihre Wege sich trennten. Als es so weit war, verließ Lykidas die beiden Wanderer.

*Und abbiegend zur Linken verfolgte den Weg er nach Pyxa;*
*Eukritos doch und ich, als wir nun bei Phrasidamos*
*ein uns gesellt mit dem schönen Amyntychos, streckten*
*behaglich*
*wir uns auf schwellende Spreu, auf Blätter der würzigen Mastix*
*und auf Weinlaub, frisch aus den Reben geschoren, danieder.*
*Aber uns über den Häuptern erzitterten dicht aneinander*
*Pappeln und Ulmen, und laut aus der Grotte der Nymphen*
*herunter*
*strömend erklangen uns nahe die Schwalle geheiligten Wassers.*
*Noch durch schattige Zweige hindurch, sich freuend der Sonne,*
*mühten Zikaden sich ab im Geschwirr', und fern aus der*
*Brombeer'n*
*dornigem Dickicht hervor aufschnarrte die Unke im Hohlton!*
*Goldfink sangen und Lerche zusammen, das Turtelchen gurrte,*
*Bienen mit hellem Gesumm' umflogen die quellenden Wasser.*
*Ringsum roch es nach Fülle des Sommers und nach dem*
*Herbste;*
*Birnen zu unseren Füßen, zu Seiten uns kugelten Äpfel*
*weithin geschütteter Menge; hinab von duftiger Pflaumen*
*schwerem Gewichte gezogen, am Boden hin schwankten*
*die Zweige,*
*und vierjähriger Kitt wart oben gelöst von dem Fasse.*
(VV. 1/2; 31–34; 132–147)

Derartige Naturschilderungen wird man in der griechischen archaischen und klassischen Literatur vergeblich suchen, bei Vergil aber wird man sie finden: Zwei Hirten, Meliboeus und Tityrus, sprechen miteinander. Den Meliboeus hat der Krieg gezwungen, seine Heimat zu verlassen, er beneidet Tityrus, dem dieses Schicksal erspart geblieben ist.

*Glücklicher Alter! Zwischen vertrauten Bächen und Teichen*
*und an heiligen Quellen atmest du dunkle Kühle.*
*Hier diese Hecke am Grenzrain, die ihre blühenden Weiden*
*immer schon goldenen Bienen zur duftenden Weide gegeben,*
*wird mit sanftem Summen zu träumendem Schlummer dich laden.*
*Dort am Feldhang hallen die Lüfte vom Liede des Winzers,*
*während die heiseren wilden Tauben, die du so lieb hast,*
*nicht aufhören, zu seufzen und girren in ragenden Ulmen.*
(1. Ekloge, VV. 51–58, Übers.: Theodor Haecker).

Abb. 18: Vergil, Detail aus dem Monnus-Mosaik aus dem 3. Jh. n.Chr., Landesmuseum Trier

## 2.6 Die Herrschaft Roms

### 2./1. Jahrhundert

- In der 1. Hälfte des 2. Jahrhunderts kam es zur Konfrontation Roms zuerst mit dem Reich der Makedonen, dann mit dem der Seleukiden. 197 wurde Philipp V. von Makedonien bei Kynoskephalai in Thessalien, 190 der Seleukide Antiochos III. bei Magnesia am Sipylos besiegt. Beide Staaten gingen geschwächt aus dem Krieg hervor.

- Makedonien verlor nach der Niederlage bei Kynoskephalai seine griechischen Besitzungen. 196 erklärte der römische Feldherr Titus Quinctius Flamininus bei den Isthmischen Spielen in Korinth die griechischen Städte für frei.

- 146 hörte Makedonien auf, ein selbstständiger Staat zu sein, es wurde als Provinz *Macedonia* der römischen Herrschaft unterstellt.

- Das Seleukidenreich erlebte einen schleichenden Machtverlust. 133 hatte Attalos III., König von Pergamon, sein Reich testamentarisch den Römern vermacht. 129 wurde es *als Provinz Asia* ein Verwaltungsbezirk des römischen Reiches. Im gleichen Jahr 129 verlor das Reich durch einen Sieg der Parther vollends den Status einer Großmacht. Seine Herrschaft war schließlich nur noch auf Syrien begrenzt und endete, als Cnaeus Pompeius es 63 als Provinz *Syria* in den Machtbereich Roms integrierte.

  Kos war im Verlauf der Kriege, die die Diadochenstaaten gegeneinander führten, aus der Herrschaft der Ptolemaier in den Besitz der Makedonen gelangt und gehörte zu den griechischen Gemeinden, die Flamininus 196 für frei erklärt hatte.

- Eine Herausforderung für die Insel war der Krieg, den Mithridates, seit 120 König von Pontos (an der Südostküste des Schwarzen Meeres gelegen), gegen Rom entfesselte. In Ephesos erließ er im Jahr 88 einen Befehl an die Magistrate der Städte, nach Ablauf von dreißig Tagen alle Römer, Italiker und deren freigelassene Untertanen, Männer, Frauen und Kinder, zu töten. (Appian, 12, 22/23). In der Überlieferung ist von 88 000 Toten die Rede.

Kos beteiligte sich an den Massakern nicht. Es händigte Mithridates die Tempelschätze aus. Römer und Italiker, Kaufleute und Landwirte, hatten sich schon seit dem 2. Jahrhundert, der Zeit, in der Rom seinen Herrschaftsbereich in den Osten ausgedehnt hatte, in den kleinasiatischen Städten und den der Küste vorgelagerten Inseln angesiedelt. Mag die überlieferte Zahl derer, die ermordet wurden, auch nicht der Realität entsprechen, so wird man ihr doch entnehmen können, dass unvorstellbar viele Menschen Opfer der Gewalt geworden sind. (cf. S. 46: Tacitus).

- 82 befreiten die Römer die Insel zwar von Mithridates, integrierten sie aber zugleich in die Provinz Asia.

  Erst in einem dritten Krieg gelang es Cnaeus Pompeius im Jahre 63, den pontischen König endgültig zu besiegen. Mithridates nahm sich das Leben.

- Als Octavian 31 in der Schlacht bei Actium Marcus Antonius und Kleopatra besiegte, war das Schicksal des dritten und letzten Diadochenreiches besiegelt: Aus Ägypten wurde die Provinz *Aegyptus*.

## Die Kaiserzeit

- Die Koer lebten im Schatten der politischen Ereignisse. Nur selten ist von ihnen die Rede, erstmals zur Zeit des Kaisers Tiberius (14–37 n.Chr.).

- Ursprünglich hatten alle Heiligtümer nicht nur das Recht, sondern auch die Pflicht, Asyl zu gewähren. Der um Asyl Bittende stellte sich unter den Schutz der Gottheit. Allmählich verblasste die religiöse Bedeutung, die Städte verliehen das Recht nach sozialen und politischen Gesichtspunkten. Sie gingen großzügig mit dieser Möglichkeit um, und die Tempel füllten sich mit zwielichtigen Gestalten. Daher beschloss der Kaiser Tiberius, gegen den Missbrauch einzuschreiten:

  *In den griechischen Städten wuchs die Willkür, ungestraft das Asylrecht zu verleihen; die Tempel füllten sich mit dem schlimmsten Sklavengesindel; eben dort wurde Schuldnern vor ihren Gläubigern Schutz gewährt und Leuten, die im Verdacht standen, Kapitalverbrechen verübt zu haben, vor ihren Verfolgern; und nirgends gab es eine Obrigkeit, die stark genug war, gegen Aufstände des Volkes einzuschreiten, wenn es die Frevel von Menschen in Schutz nahm, als ob es damit eine religiöse Pflicht erfüllte. Daher beschloss man, die Gemeinden sollten Gesandte mit Beweisen nach Rom schicken.*

Im Jahre 23 wandten sich auch die Koer an den Kaiser.

*Die Samier beantragten, dass für das Heiligtum der Juno, die Koer, dass für das Heiligtum des Äskulap das alte Asylrecht bestätigt werde. Die Samier stützten sich auf einen Beschluss der Amphiktyonen, die zur Zeit, in der die Griechen in Kleinasien Städte gründeten und sich an der Meeresküste festsetzten, die in allen Fragen höchste Entscheidungsinstanz waren; ebenso alt war das Recht, auf das sich die Koer stützten; hinzukam ein Verdienst, das mit dem Ort verknüpft war; denn die Koer hatten römische Bürger im Tempel des Äskulap versteckt, als römische Bürger auf Befehl des Königs Mithridates auf allen Inseln und in allen Städten Kleinasiens ermordet werden sollten.*

(Tacitus – ca. 55–ca. 120, ann., 3, 60; 4,14).

Der Anspruch Verfolgter auf einen Raum, der sie vor ihren Verfolgern schützt, gehört zu den antiken Werten, die sich bis in die Gegenwart erhalten haben.

Er ist in zahlreichen internationalen Erklärungen verankert und in die Verfassungen vieler Staaten des westlichen Kulturkreises aufgenommen worden. Anders als die Tempel in der Antike sind die Kirchen keine rechtsfreien Räume. Trotzdem gewähren christliche Gemeinden in bestimmten Fällen und für begrenzte Zeit Kirchenasyl, damit eine Abschiebungsentscheidung nochmals überprüft wird. Sie nehmen die Funktion von Anwälten Schutzbedürftiger für sich in Anspruch. Der Staat duldet die Praxis, ohne sie zu legitimieren.

Im Griechischen heißt *ásylos unverletzlich, sicher.*

– Von Kos hören wir erst wieder, als Kaiser Claudius (41–54) der Insel ein Privileg gewährte:

*Claudius beantragte Abgabenfreiheit für die Koer. Er berichtete viel über die Geschichte der Insel: Die Argiver oder Coeus, der Vater der Latona, seien die ältesten Siedler gewesen. Dann sei mit der Ankunft des Äskulap die Kunst der Medizin eingeführt worden, die unter seinen Nachkommen besonders berühmt gewesen sei. Er nannte sie namentlich und fügte hinzu, zu welcher Zeit sie jeweils gelebt hätten. Xenophon, dessen Kunst er sich selbst bediene, stamme aus eben dieser Familie, und auf dessen Bitten hin sei zu gewähren, dass die Koer die Insel künftig, von jeder Abgabe befreit, als eine heilige bewohnen dürften, die nur der Verehrung des Gottes geweiht sei. Denn es sei nicht zweifelhaft, dass man viele Verdienste, die sie dem römischen Volk erwiesen hätten, und viele gemeinsam errungene Siege hätte anführen können.*

(Tacitus, ann., 12,61).

Die Amphiktyonen waren zwölf Stämme, die sich zum Schutz von Delphi zu einem sakralen Verband zusammengeschlossen hatten. Gründungen von Kolonien mussten von dem delphischen Gott sanktioniert werden. Erste Kolonien wurden im 8. Jahrhundert gegründet. Da sind die beiden Inseln wirklich sehr weit in die Geschichte zurückgegangen.

Auch wenn Tacitus anmerkt, Claudius habe Kos nur deshalb so bevorzugt behandelt, weil er seinem Leibarzt Xenophon einen Gefallen habe tun wollen, so ist es doch bemerkenswert, dass nicht nur die Insel als Zentrum der Medizin lebendig im Gedächtnis geblieben ist, sondern dass auch die Asklepiaden, die sich als die Nachkommen des Asklepios verstanden, ihre Tradition über einen so langen Zeitraum hinweg gepflegt haben. (cf. S. 121).

Der bedeutendste Asklepiade war Hippokrates (ca. 460–ca. 370 v.Chr.), der auf der Insel geboren wurde, auf ihr gelebt und gewirkt hat. Er hat das große Verdienst, die Behandlung der Kranken auf eine wissenschaftlich-empirische Grundlage gestellt zu haben. Die von Priestern praktizierte Heilkunst hat er nicht verdrängt, sondern ergänzt. Seine theoretische Basis ist im 19. Jahrhundert durch neue Entdeckungen falsifiziert worden, seine Methode der Diagnostik hat die Zeiten überdauert. (cf. S. 167).

- Zur Zeit des Kaisers Antoninus Pius (138–161) ereignete sich im Jahr 142 auf Kos, wie wir von Pausanias erfahren, ein schweres Erdbeben. Pausanias lebte von 115 bis ca. 180. Er begründete die Gattung des Reiseführers. In zehn Büchern hat er beschrieben, was er auf seinen Reisen gesehen hat:

  > *Die Städte der Lykier und Karer sowie Kos und Rhodos erschütterte und zerstörte ein schweres Erdbeben. Kaiser Antoninus ließ sie mit einer hohen Summe Geldes und mit eifrigem Interesse an einer Neubesiedlung wieder aufbauen.* (8,42,4).

  Kos wurde mit einem Gymnasium, einem Odeon, Thermen und zahlreichen mit Mosaikböden geschmückten Villen ausgestattet. (cf. S. 86ff.).

- 212 verlieh Kaiser Caracalla (211–217) mit der *constitutio Antoniniana de civitate* allen Freigeborenen in der ganzen römischen Welt das Bürgerrecht. Nun durfte jeder rechtsgültige Verträge abschließen, eine rechtsgültige Ehe eingehen und Grundbesitz erwerben. Niemand durfte gefoltert werden, jeder durfte beim Kaiser Berufung einlegen (wie es der Apostel Paulus getan hat) und verfügte in Rom über das aktive und passive Wahlrecht, das freilich praktisch bedeutungslos war, da es nur in Rom ausgeübt werden konnte.

- Diocletian (284–305) hob die Abgabenfreiheit, die den Koern von Claudius gewährt worden war, auf. Das Reich brauchte Geld. Alle Bewohner mussten eine Grundsteuer (*tributum*) oder/und eine Kopfsteuer (*capitatio*) bezahlen. Von letzterer waren nur die römischen Bürger befreit.

- Die Kaiserzeit war im Großen und Ganzen eine Epoche des Friedens und der Prosperität. Die Gemeinden hatten Einkünfte aus den Heiligtümern, die auch als Banken fungierten. Die Menschen deponierten ihr Geld in den Tempeln, die Priester verliehen es und kassierten Zinsen. Darüber hinaus füllten sich die Kassen durch die Eintrittsgelder der Thermen, durch Buß- und Strafgelder. Die Personalkosten waren gering, da die Ämter ehrenamtlich bekleidet wurden. Kos exportierte Wein und Seide, die Römerinnen kleideten sich gern mit den durchsichtigen *Coae vestes*.

Reiche Leute bauten sich auf Kos aufwändige mit Mosaiken geschmückte Villen.

Die Städte verwalteten sich weitgehend autonom. Die Volksversammlung stimmte über die Fragen ab, die ein dem römischen Senat entsprechender Rat ihr vorlegte. Als Exekutive fungierten gewählte Archonten. Der Rat, in den reiche und einflussreiche Bürger gewählt wurden, war das dominierende Organ.

## 2.7 West- und Ostreich/West- und Ostkirche (395–1315)

Als 395 Konstantin der Große die Hauptstadt des römischen Reiches von Rom nach Konstantinopel verlegte, begannen der westliche und östliche Teil des Imperiums Romanum sich auseinanderzuentwickeln.

In der Kirche entbrannte der Streit um die Rangfolge des Patriarchen und des Papstes. Der Patriarch von Konstantinopel verlangte den gleichen Rang wie der Papst in Rom. Das wurde ihm 381 im Konzil von Konstantinopel zugestanden, 451 im Konzil von Chalkedon nochmals bestätigt. Aber Rom versagte die Anerkennung.

Spätestens 545, als der Kaiser Justinian die weströmischen Institutionen, vor allem den Senat, nach Konstantinopel verlegte, hörte das Weströmische Reich auf, zu existieren. Dem Papst in Rom standen nun in Konstantinopel mit dem Kaiser und dem ihm gleichwertigen Patriarchen zwei mächtige Autoritäten gegenüber.

Um ein Gleichgewicht herzustellen, suchte der Papst Schutz bei den Franken – mit Erfolg. Karl der Große ließ sich von ihm am Weihnachtstag des Jahres 800 im Petersdom in Rom krönen. Im Gegensatz zum Osten, in dem der Kaiser auf die Geschicke der Kirche Einfluss nahm, beanspruchte die Kirche im Westen die Dominanz und behielt sie während des ganzen Mittelalters.

Zum Kirchenstreit trat der Konflikt der Kaiser. Ostrom erkannte den vom Papst gekrönten weströmischen Kaiser nicht an. Man sah mit herablassender Verachtung auf ihn herab.

1054 trennten sich die west- und die oströmische Kirche. Der Papst und der Patriarch exkommunizierten sich gegenseitig, ein Vorgang, der bis 1965 in Geltung blieb.

Anlass war der Streit über eine Formulierung im Glaubensbekenntnis: Der Patriarch hatte Anstoß daran genommen, dass der Westen den Zusatz *filioque – und dem Sohn* in das Glaubensbekenntnis aufgenommen hatte, sodass der Heilige Geist *vom Vater und vom Sohn* ausging. Die Ostkirche wollte den Glauben an die Monarchie Gottes (*arché*) nicht gefährden, sie sah in dem Zusatz eine Marginalisierung des Heiligen Geistes. Der Westkirche war es wichtig, die Gleichrangigkeit von Gott Vater und Christus zu bekennen. Für sie war die Einheit von Gott Vater, Sohn und Heiligem Geist im Wesen gegründet, nicht im Personalen.

Zudem hatte der Patriarch die Verwendung ungesäuerten Brotes sowie den Zölibat verurteilt.

Obwohl dann hauptsächlich politische Gründe, der Streit um die Rangfolge von Papst und Patriarch und Ansprüche des Ostreichs auf Gebiete in Italien, ausschlaggebend waren, darf man die theologischen Differenzen nicht unterschätzen. Sie wirken bis heute fort.

Seit der Trennung betrachtete die Westkirche die Ostkirche als häretisch. So hatte sie auch keine Skrupel, als die Kreuzritter auf dem 4. Kreuzzug 1204 das Byzantinische Reich zerstörten, ein lateinisches Kaiserreich gründeten und die eroberten Gebiete unter sich aufteilten.

Es entspann sich in der Folgezeit ein permanenter Kampf zwischen drei um die Macht kämpfende Staaten: Byzanz, Venedig und Genua. Die Inseln gerieten unter wechselnde Herrschaften.

1315 fassten schließlich die Johanniter auf Kos Fuß.

Auf der Insel zeugen die Ruinen mehrerer Basiliken aus dem 5. und 6. Jahrhundert davon, dass sich das Christentum zu einer starken Religionsgemeinschaft entwickelt hatte. (cf. S. 70; 103). 431 hat ein Bischof der Kirche von Kos an dem Konzil von Ephesos teilgenommen.

Seit der Teilung des Römischen Reiches gehörte Kos dank seiner Lage zum Ostreich und seit der Kirchenspaltung zur Ostkirche.

Häufig und heftig sind die Menschen von Katastrophen heimgesucht worden:

Ein Erdbeben hat die Insel 554 erschüttert und fast völlig zerstört. Von ihm berichtet der Historiker Agathias (539–ca. 580) in seinen *Historien*:

Abb. 19: Habit eines Johanniters, Uniform der Ritter,
Ende des 19. Jh.

Viele Einwohner hätten sich in die Tempel geflüchtet, andere hätten zu Hause oder anderswo Schutz gesucht – vergeblich. Sie seien fast alle umgekommen. Die Gebäude seien in Schutt und Asche gelegt worden, dunkler Staub habe die Atmosphäre verdunkelt, es habe an Trinkwasser gefehlt. Kos sei nichts geblieben als der Stolz darauf, Heimat des Hippokrates zu sein.

Auch die Bauten des Asklepieions sind damals eingestürzt. Die Ruinen dienten den Nachgeborenen fortan als billiger Steinbruch. Zum Glück blieb genug erhalten, konnte durch Grabungen so viel wieder ans Licht gebracht werden, dass man die Besichtigung auf gar keinen Fall versäumen sollte.

Die Insel hatte sich um 1 Meter gesenkt.

Was die Natur verschont hatte, fiel den Menschen zum Opfer, die in die Insel einfielen. 612 und 654 plünderten sie die Araber, die mit ihrer Flotte die Ägäis beherrschten, bis sie 678 vor Konstantinopel eine empfindliche Niederlage erlitten.

## 2.8 Die Herrschaft der Johanniter (1315–1523)

Die Keimzelle des Ordens der Johanniter war ein Hospiz, das 1048 in Jerusalem zur ärztlichen Betreuung von christlichen Pilgern gegründet worden war. 1099 wurde die Stadt von dem Heer des 1. Kreuzzuges erobert.

Seit 1113 gab es den vom Papst offiziell anerkannten *Orden vom heiligen Johannes*. Seine vornehmste Aufgabe war der Dienst *an den Herren Kranken*. Hinzu kam sehr bald die Verpflichtung zum Militärdienst. Der Orden begann, Burgen zu erwerben oder selbst zu errichten.

Durften ursprünglich nur Angehörige der europäischen Adelsfamilien Mitglieder werden, so erweiterte sich allmählich das Personal durch Kleriker und dienende Brüder aus dem Bürgerstand. Letztere wurden mit der Krankenpflege beauftragt, im Krieg dienten sie als Fußsoldaten.

Die Johanniter trugen einen Mantel oder Umhang mit einem weißen Kreuz auf der linken Seite.

- 1291 endete die christliche Ära im Heiligen Land.
- 1309 eroberte der Orden das zum byzantinischen Reich gehörende Rhodos und gründete dort einen Ordensstaat.
- 1315 übernahm er die Herrschaft auf Kos.
- 1391–1396 entstand eine Ritterstadt. Sie ist bei dem furchtbaren Erdbeben 1933 so stark zerstört worden, dass man die Ruinen abgetragen hat. Durch Ausgrabungen ist man auf die antike Agora gestoßen.
- 1436 wurde die Burg gebaut. Sie sollte mit der in Bodrum/Halikarnassos auf den Ruinen einer hellenistischen Bastion errichteten Festung die nur 7 km breite Meeresenge kontrollieren. (cf. S. 82ff.).

  Darüber, wie sich das Verhältnis der römisch-katholischen Herren, der Genuesen, Venezianer und Johanniter, zu ihren orthodoxen Untertanen gestaltete, verlautet nichts.

- 1457, 1464, 1477 und 1480 gelang es den Johannitern, sich der Angriffe der Türken, die 1453 Konstantinopel erobert hatten, zu erwehren.
- 1493–1514 wurde das Kastell befestigt und mit Kanonen ausgerüstet. Es nützte nichts mehr.
- Als 1523 Rhodos fiel, war auch das Schicksal von Kos besiegelt.

Der Orden fand 1530 eine neue Heimat auf der Insel Malta. Er blieb dort, bis er 1798 von Napoleon vertrieben wurde. Unter dem Namen *Malteser* lebt er fort.

## 2.9 Die Herrschaft der Türken (1523–1912). Eindrücke von Ludwig Ross

Kos wurde unter der türkischen Herrschaft von Angriffen und Verwüstungen nicht verschont: 1601 litt es unter der spanischen, 1604 unter der maltesischen Flotte. Die Malteser versuchten vergeblich, die Insel zurückzuerobern. 260 Frauen, die sie gefangen nahmen, verkauften sie in die Sklaverei.

Ludwig Ross (1806–1859) war ein Archäologe und Klassischer Philologe. Nach seinem Studium unternahm er Reisen nach Kleinasien, zu den Inseln der Ägäis und nach Griechenland (1832). Otto I. aus dem Hause Wittelsbach, den die griechische Nationalversammlung 1832 zum König gewählt hatte, beauftragte ihn mit der Aufsicht über die antiken Denkmäler (1834–1836). Nach seiner von den Griechen erzwungenen Entlassung erhielt er 1837 eine Professur an der neu gegründeten Universität in Athen. Er sprach Neugriechisch wie seine Muttersprache. Seine Reisetätigkeit setzte er unermüdlich fort. 1843 kehrte er nach Deutschland zurück und lehrte fortan an der Universität in Halle. Aber auch von dort brach er im selben Jahr wieder zu einer Reise auf, die ihn bis nach Lykien führte.

Er war der Erste, der Grabungen auf der Akropolis in Athen durchführte und dabei nicht wie üblich nur nach wertvollen Objekten suchte.

Entgegen der herrschenden Meinung vertrat er die Ansicht, dass die Griechen vieles den Ägyptern, dem Orient und den Phöniziern verdankten. Inzwischen gibt es niemanden mehr, der das bestreiten würde.

Abb. 20: Georgios Varouchas: Porträt von Ludwig Ross, 1870, Athens University History Museum

Ross' Reiseberichte zeichnen sich durch ihre Unmittelbarkeit und Lebendigkeit aus. In den folgenden ausgewählten Passagen erzählt er von seinen Erlebnissen auf Kos.

Sie stammen aus seinem 34. Brief und beziehen sich auf die Reise des Jahres 1843.

Kaum war er *auf der schlechten Reede von Kos* gelandet, eilte er zu dem griechischen Konsulagenten. Von ihm erfuhr er, dass sich die gesamte Bevölkerung der Insel auf 7000 bis 8000 Seelen belaufe, hauptsächlich Griechen. Es würden Rosinen, Zitronen, Wein, Wolle, Zwiebeln, Mandeln, Sesam und Salz ausgeführt, Güter, die der Pforte beträchtliche Einnahmen sicherten.

> *Kos ist eine eng gebaute finstere Stadt von verfallenem Aussehen, obgleich hier viele der Häuser noch aus der Zeit des Ritterordens sind. Unweit des Hafentores steht die uralte Platane, an welche die örtliche Sage den Namen*

*des Hippokrates knüpft. Ich besuchte ein paar ehemalige Schüler aus Athen, welche hier jetzt eine hellenische und eine alelodidaktische Schule* (in der die Griechen Türkisch, die Türken Griechisch lernen konnten) *errichtet haben: ein großes Bedürfnis für Kos, da die Griechen hier unter dem harten Druck des türkischen Jochs noch sehr in der Bildung zurückgeblieben sind. ... Unterdessen war es Abend geworden, und eine Stunde nach Sonnenuntergang ging ich mit dem Consul zum Bey. Ich fand einen dicken schwammigen Kerl von gemeinem Aussehen, in die Ecke des Diwans ausgestreckt, ihm gegenüber saß auf zwei anderen Diwans die Aristokratie der Insel, die einheimischen Beys und Agas, sämtlich Pfeife rauchend. Wir erhielten besondere Sessel, Kaffee und Pfeifen. Nach den ersten Begrüßungen sagte ich dem Bey durch den Consul, der den Dolmetsch machte, ich sei gekommen, um die Insel zu sehen, und bitte ihn um eine Empfehlung in die Dörfer. Seine Antwort war ausweichend: Die Insel sei ganz ohne Interesse, und kein Reisender pflege sie zu besuchen. Er fürchte, dass sie mir missfallen werde, und rate mir daher ab, weiter zu gehen als bis zu den Quellen, anderthalb Stunden von der Stadt.*

Der Consul hatte Ross von einem Vorfall berichtet, bei dem zwei Monate vorher ein Kollege von Ross gegen den Willen des Beys das Dorf Phyli besucht habe und unverzüglich ausgewiesen worden sei. Der türkische Begleitsoldat sei zu Tode geprügelt worden, die Bauern seien befragt und ausgeforscht und sämtliche Inschriften und Marmorbrüche zerschlagen worden. Kein Einheimischer werde mehr einen Fremden beherbergen. Ross bestand auf seinem Anliegen.

*Da der feige Agent meine ziemlich derbe Antwort hierauf nicht mehr zu übersetzen wagte, so wandte ich mich an die Agas, von denen einige Griechisch sprachen, beschwerte mich über die Grobheit ihres Gouverneurs und forderte sie auf, ihm zu sagen, dass ich, da es in der Türkei kein Gesetz gebe, welches das Reisen verbiete, morgen in die Dörfer gehen werde; seiner Erlaubnis bedürfe ich nicht dazu. Ich sei bloß gekommen, um ihm eine Höflichkeit zu erweisen. Allein hier hatte ich erst in ein Wespen-*

*nest gestochen. Die Agas entgegneten, dass selbst, wenn der Bey mir die Erlaubnis geben wollte, sie mich daran verhindern werden. Es sei ihnen nicht damit gedient, dass fränkische Reisende, zumal aus Griechenland, hierherkämen, um ihre griechischen Bauern aufzuwiegeln, und sie rieten mir, bald wieder abzusegeln.*

Ross bekräftigte seinen Entschluss.

*Der Agent war erschrocken, und ich habe bei dieser Gelegenheit wieder gesehen, wie übel Griechenland daran tut, seine Handelsinteressen in der Türkei durch Leute vertreten zu lassen, die selbst beim Handel beteiligt sind und deren erste Rücksicht es dabei ist, mit den einflussreichen Türken in gutem Benehmen zu bleiben. ...*

*In der Nacht zwischen dem 5. und 6. Oktober um 2:00 Uhr nach Mitternacht erfolgte wieder ein starker Erdstoß, der in der Stadt so heftig empfunden wurde und so anhaltend war, dass viele der Einwohner aus den Betten sprangen und sich anschickten, auf die Straße zu flüchten. Namentlich waren hier auch die Erdbeben vom 17. September und 1. Oktober verspürt worden.*

Ross begnügte sich schließlich doch damit, einen Ausflug nach der Burinna und zu den mineralischen Quellen am nördlichen Abhang des Gebirges zu machen.

*Der Weg läuft anfangs eine Viertelstunde lang durch schöne reiche Gärten zwischen hohen Stadtmauern und steigt dann allmählich die kahlen, mit braunen sommerverbrannten Kräutern bedeckten Abhänge des hohen Berges hinan, der von Ost nach West streicht, seinen höchsten Gipfel bis zu 2760 englischen Fuß über das Wasser erhebt und kein anderer als der Prion oder Oromedon der Alten sein kann.*

Auf dem Rückweg begegnete Ross zwei bewaffneten türkischen Reitern, zu denen sich noch ein dritter gesellte. Als er die Vorstadt erreichte, erfuhr er,

*dass der Bey auf die Nachricht von meinem Aufbruche sogleich mir jene zwei ersten Reiter nachgesandt mit dem Auftrage, mir die Saumtiere wegzunehmen und jedermann zu verbieten, mich zu beherbergen, dem Maultiertreiber aber auf der Stelle die Bastonade zu erteilen, zu welchem Zweck der zweite Reiter den langen Stab bei sich führte.*

*Ich hätte, ich weiß nicht was darum gegeben, wenn es mir möglich gewesen wäre, mich an Mustafa zu rächen, aber ich musste es bei Verwünschungen bewenden lassen. So harter willkürlicher Druck lastet noch auf den Griechen unter türkischem Joche da, wo sie in der unmittelbaren Nähe ihrer Herren wohnen, und ihr Wunsch nach Freiheit ist wahrlich vor Gott und Menschen gerecht; auf der anderen Seite aber ist solcher Zustand auch keine geeignete Vorschule, um zehn Jahre später sich selbst Gesetze zu geben.*

*Nach den Erfahrungen dieser Tage hatte ich mich zur Genüge überzeugt, dass es mir schlechthin unmöglich sein würde, in das Innere der Insel zu dringen, deren Dörfer nach den Inschriften und anderen Nachrichten zu urteilen, welche mir daraus zugekommen, voll wichtiger und lehrreicher Überreste des Altertums zu sein scheinen.*

(a.a.O., S. 126–139).

Gerne wüsste man, was Ross meint, wenn er schreibt, dass *solcher Zustand auch keine geeignete Vorschule* (sei), *um zehn Jahre später sich selbst Gesetze zu geben.*

Karl Krumbacher (1856–1909) gilt als der Begründer der Byzantinistik. Er hatte seit 1837 den Lehrstuhl für mittelalterliche und moderne Geschichte in München inne. Sein Bericht über eine Reise, die er 1884/1885 unternommen hatte, enthält folgende Bemerkung über die *Rückhellenisierung aller kleinasiatischen Inseln und Küstenländer*:

*Ein sehr lehrreiches Beispiel dieser allgemeinen Tatsache ist die Insel Kos, wo früher in der Stadt kein Christ wohnen durfte. Der Druck der Zeiten ließ ein Verbot stillschweigend umgehen, und jetzt besteht die Hälfte der Stadtbewohner schon aus Griechen.*

(a.a.O., 287/288, cf. S. 190ff.).

Hatte nicht Ross in Erfahrung gebracht, dass zur Zeit seiner Reise hauptsächlich Griechen auf Kos wohnten? (cf. S. 54). Hatte ihn der griechische Konsulagent falsch informiert, absichtlich?

## 2.10 Die Herrschaft der Italiener (1912–1947)

Im ersten Jahrzehnt des 20. Jahrhunderts gab es in Italien starke Kräfte, die auf eine Expansion drängten. Die Schwäche des Osmanischen Reichs lud dazu ein, sich auf seine Kosten als Kolonialmacht zu etablieren. Im September 1911 stellte Italien der Regierung in Ankara ein Ultimatum, in dem es die Erwartung zum Ausdruck brachte, Tripolitanien und die Cyrenaika – das heutige Libyen – widerstandslos besetzen zu können. Noch in dem gleichen Monat erfolgte die Kriegserklärung. Nach einem blutigen Krieg sah sich das Osmanische Reich im Oktober 1912 gezwungen, die genannten Gebiete an Italien abzutreten. Zur Durchsetzung des Vertrages und als Garantie für die Räumung Libyens okkupierte Italien die Inseln des Dodekanes, unter denen ihnen besonders Rhodos wichtig war. 1915 sagten die Alliierten, Großbritannien, Frankreich und Russland, Italien in Geheimverhandlungen die volle Souveränität über die Inselgruppe zu. Im gleichen Jahr verließ Italien das Bündnis mit Österreich-Ungarn und Deutschland und erklärte Österreich und dem Osmanischen Reich den Krieg, 1916 folgte die Kriegserklärung an Deutschland. Am 23. Mai 1923 wurde in Lausanne ein Friedensvertrag unterzeichnet, in dem der Türkei auferlegt wurde, die Inseln definitiv an Italien abzutreten. Die Türken beugten sich und erkannten Italiens Souveränität an.

Die Bürger der Inseln erhielten eine eingeschränkte italienische Staatsbürgerschaft ohne das aktive und passive Wahlrecht, der Zuzug von Italienern wurde gefördert, Italienisch wurde als Pflichtsprache eingeführt, Repräsentationsbauten wurden errichtet. Die Verwaltung oblag einem Gouverneur. Die Italiener waren bei der griechischen Bevölkerung nicht nur wegen der unterschiedlichen Glaubensrichtungen unbeliebt, sondern auch, weil sie als Herren auftraten. Eine Verfolgung der Juden setzte erst ein, als die Deutschen die Insel besetzten.

1933 wurde Kos erneut von einem schweren Erdbeben heimgesucht.

Im Zweiten Weltkrieg hatten die Italiener zwar zunächst an der Seite Deutschlands gekämpft, 1943 aber Mussolini entmachtet und einen Waffenstillstand mit den alliierten Mächten, zu denen insbesondere Großbritannien, Frankreich und die USA zählten, geschlossen. Mit deutscher Hilfe konnte zwar im gleichen Jahr noch einmal eine Regierung unter Mussolinis Führung gebildet werden; ihre Macht erstreckte sich aber nur auf einen kleinen Teil Oberitaliens. Sie konnte nicht verhindern, dass Italien Deutschland den Krieg erklärte. Daraufhin besetzten die Deutschen im September 1943 Kos, um es im Juni des darauffolgenden Jahres wieder zu räumen.

Die Hoffnung der Italiener, in den Verhandlungen mit den Alliierten einen günstigen Friedensvertrag aushandeln zu können, zerschlug sich. Schließlich stimmten sie im Februar 1947 widerwillig dem Friedensvertrag zu, der unter anderem die Abtretung des Dodekanes an Griechenland vorsah. Am 1. März wurde auf dem Gouverneurspalast auf Kos die griechische Flagge gehisst.

Was von den Italienern bleibt, sind nicht nur ihre monumentalen Bauten, über deren ästhetischen Wert man streiten kann, sondern es sind vor allem ihre archäologischen Forschungen, Grabungen und Rekonstruktionen, die die antike Vergangenheit der Insel wieder sichtbar gemacht haben. Aber es wurde leider versäumt, die Ergebnisse sorgfältig zu dokumentieren, sodass es oft schwierig ist, die Ruinen zu identifizieren. Die Rekonstruktionen entsprechen nicht den heute üblichen wissenschaftlichen Standards.

## 2.11 Die deutsche Besatzung (1943/1944) Deutsch-griechische Beziehungen in der Nachkriegszeit

Wer als Deutscher nach Griechenland reist, sollte sich mit einigen Daten und Fakten der deutsch-griechischen Beziehungen vertraut machen.

- Griechenland hatte seit 1915 auf der Seite des Dreierbunds (*Triple Entente*) der Staaten England, Frankreich und Russland (*Entente*) am Ersten Weltkrieg teilgenommen.
- In der Zeit der Weimarer Republik und in den ersten Jahren der Herrschaft des Nationalsozialismus unterhielten Deutschland und Griechenland gute politische und wirtschaftliche Beziehungen zueinander. Es war Hitler wichtig, dass Griechenland sich im

Zweiten Weltkrieg neutral verhält. Angesichts des geplanten Angriffs auf Russland wollte er vermeiden, dass eine neue Front eröffnet wurde. Aber gerade das ließ sich nicht vermeiden:

- Am 28. Oktober 1940 lehnte die griechische Regierung mit einem *Nein – ochi* ein Ultimatum Mussolinis ab, in dem der Duce die Erlaubnis forderte, dass italienische Truppen griechisches Territorium betreten und wichtige strategische Punkte besetzen konnten. England unterstützte Griechenlands ablehnende Haltung. Der *Ochi-Tag* wird in Griechenland bis heute jährlich feierlich begangen. Es gelang Griechenland, die italienische Invasion abzuwehren.

- Am 6. April 1941 begann das deutsche Unternehmen *Marita*: Deutsche Truppen marschierten in Griechenland ein. Am 20. April unterzeichnete der Befehlshaber der in Epirus umzingelten griechischen Truppen die Kapitulationserklärung. Am 27. April besetzten die Deutschen Athen, wenig später die Peloponnes. Am 1. Juni wurde Kreta erobert.

- Griechische Partisanen setzten den Kampf aus dem Untergrund fort. Die Zivilbevölkerung litt unter grausamen Vergeltungsmaßnahmen. Besonders zwei Orte haben sich tief in das kollektive Gedächtnis der Griechen eingegraben: Kalavryta im Nordosten der Peloponnes und Distomo in Mittelgriechenland am Fuß des Parnassgebirges. In Kalavryta wurden am 13. Dezember 1943 viele hundert Einwohner des Dorfes ermordet, das Massaker in Distomo fand am 10. Juni 1944 statt. Wer den Ort nicht rechtzeitig verlassen hatte, fand den Tod.

  Die in dem von den Deutschen besetzten Teil Griechenlands lebenden Juden wurden verfolgt und in die Vernichtungslager deportiert.

  Der Streit um die Entschädigung der Opfer der nationalsozialistischen Terrorherrschaft belastet die Beziehungen Deutschlands und Griechenlands bis heute.

- Eine Marionettenregierung in Athen unterstand deutscher Aufsicht, ein großer Teil des Landes, zu dem auch der Dodekanes gehörte, wurde Italien und Bulgarien überlassen. Nach der Kapitulation Italiens im September 1943 übernahm Deutschland diese Gebiete. Über hundert wehrlose italienische Offiziere wurden erschossen. Erst jetzt setzte auch hier die Judenverfolgung ein. Die jüdische Gemeinde auf Kos wurde völlig ausgelöscht.

Abb. 21: Gedenkstätte Distomo,
Ausschnitt aus der Denkmal-Reliefdarstellung

- Am 18. Oktober 1944 kehrte die griechische Exilregierung nach Athen zurück. Die deutsche Wehrmacht räumte Griechenland, der Dodekanes ging wieder in die Verwaltung Italiens über.
- 1951 nahmen Deutschland und Griechenland diplomatische Beziehungen auf.
- Am 30. Dezember 1955 ratifizierte das griechische Parlament ein Reparationsabkommen. Damit trat zugleich das Londoner Schuldenabkommen in Kraft. Deutschland erachtet das Abkommen als Abschluss eines Friedensvertrages.
- Am 18. März 1960 wurde ein Vertrag über eine Entschädigungspauschale unterzeichnet. Während Deutschland die Angelegenheit damit als endgültig geklärt betrachtet, sieht sich Griechenland nach wie vor zu Forderungen berechtigt.

## 2.12 Kos heute

- Nach dem Ersten Weltkrieg fand sich Griechenland auf der Seite der Sieger, die Türkei auf der Seite der Verlierer wieder. In Griechenland erwachte erneut die *große Idee* (*megáli idéa*), das Byzantinische Reich mit der Hauptstadt Konstantinopel erstehen zu lassen. Griechische Truppen besetzten 1920 Kleinasien. Der Krieg endete 1922 mit einer Niederlage Griechenlands. Im Vertrag von Lausanne wurde 1923 ein Bevölkerungsaustausch verfügt, der die Griechen zwang, türkisches, die Türken, griechisches Hoheitsgebiet zu verlassen. Außer Istanbul waren auch die Inseln des Dodekanes von der Maßnahme ausgenommen, weil sie zu Italien gehörten.
- 1948 übernahm Griechenland den ihm im Friedensvertrag 1947 zuerkannten Dodekanes.
- Als 1967–1974 die sog. Obristen in Athen eine nationalistisch und christlich ausgerichtete Militärdiktatur errichteten, floh ein großer Teil der Muslime von den Inseln in die Türkei, sodass heute nur noch weniger als 2000 türkischstämmige Muslime auf Kos leben. Sie sind eingebürgert, man erkennt sie nur noch an ihren Namen.
- Seit 2005 sehen sich die Inseln des Dodekanes einem großen Ansturm von Flüchtlingen gegenüber.

Die Insel ist zu einem Touristenmagneten geworden, und das nicht unverdient. Sie bietet ihren Besuchern herzliche Gastfreundschaft, ein sauberes Meer, lange Sandstrände und gute Unterkünfte in allen Preisklassen.

Sie bietet ihnen darüber hinaus zahlreiche sehenswerte Zeugnisse ihrer Geschichte von der Antike bis in die Gegenwart. Sie lädt vor allem zur Besichtigung des Heiligtums des Gottes Asklepios ein, und sie ist der Geburtsort des Hippokrates, der zu Recht als der Begründer der wissenschaftlichen Medizin gilt.

Ihnen allen, den historischen Zeugnissen, dem Asklepios und dem Hippokrates, widmet sich dieser kulturhistorische Reiseführer.

# 3 Die Stadt Kos

## 3.1 Der Hafenbereich

### Die Platane des Hippokrates

Es gibt viele Wege, um das Zentrum der Stadt zu erkunden. Wir entscheiden uns dafür, an einer denkwürdigen Stelle zu beginnen, an der Platane des Hippokrates (12). Dass der berühmte Arzt und Sohn der Stadt, der im 5. Jh. v.Chr. gelebt hat, unter ihrem Schatten gesessen und seinen Schülern die Kunst der Medizin gelehrt habe, gehört in das Reich der Phantasie. Denn die Stadt existierte damals noch gar nicht, und der Baum, dessen Äste gestützt werden, ist höchstens 500 Jahre alt. Ob er der älteste Baum Europas ist, lassen wir dahingestellt. Die Fakten widerlegen die Geschichte, aber das hindert den Besucher nicht daran, sich für einen Moment die Bedeutung dieses Mannes bewusst zu machen: Er begründete die Medizin als eine empirische Wissenschaft, seine Theorie hat bis ins 19. Jahrhundert Bestand gehabt, seine Lehren zur gesunden Lebensweise, der Diätetik (zu *díaita – Lebensweise*), haben nichts an Aktualität eingebüßt. Er wird uns noch eingehend beschäftigen. (cf. S. 165ff.). Es ist gut, dass er uns gleich zu Beginn begegnet.

Abb. 22: Die Platane des Hippokrates

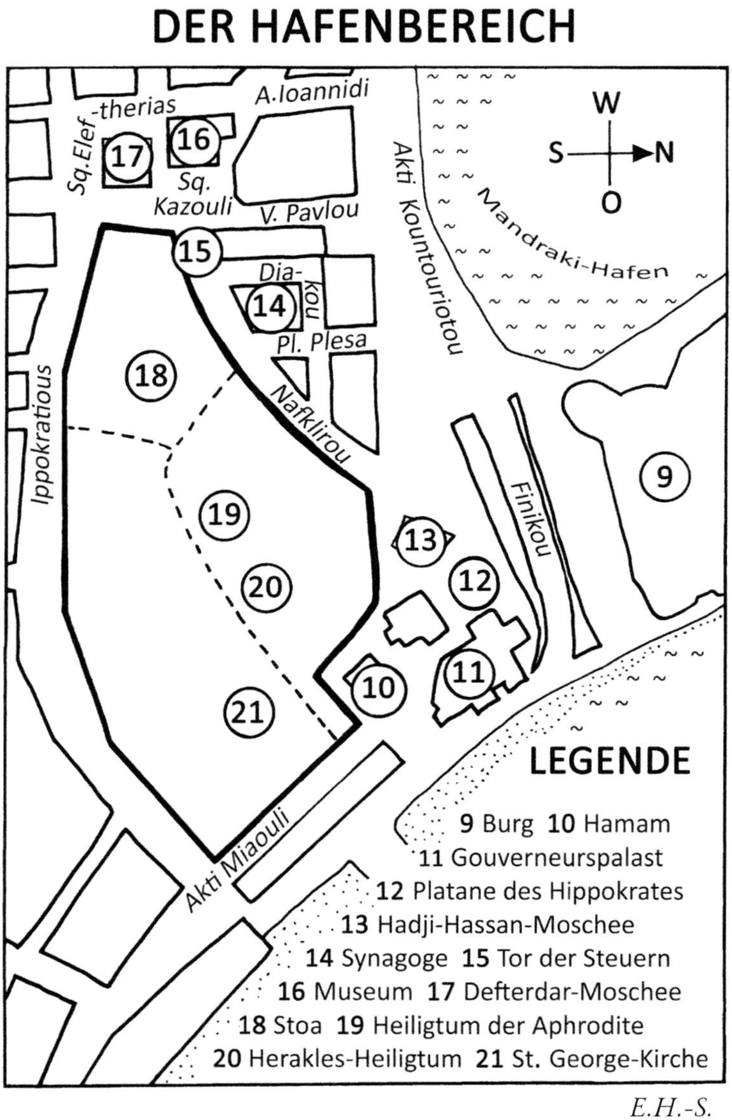


Abb. 23: Stadt Kos, Sehenswürdigkeiten: der Hafenbereich

## Der Gouverneurspalast

Wir lassen das Kastell rechts liegen und sparen uns die Besichtigung auf. (cf. S. 82ff.).

Eine beherrschende Position nimmt an der Uferstraße (*Akti Miaouli*) der Gouverneurspalast ein (11). Das Gebäude ist nach den Plänen des italienischen Architekten Florestano Di Fausto erbaut und 1930 fertiggestellt worden. Zentrum ist ein von Arkaden eingefasster Innenhof.

Die Gebäude des Faschismus orientieren sich am Neoklassizismus. Sie sind monumental, sollen durch ihre schiere Größe imponieren; sie sind symmetrisch, kennen keine Rundungen, verzichten auf Dekorationen, sind funktional auf ihren Zweck ausgerichtet. Sie sollen Ausdruck des modernen Lebens sein, Rationalismus dokumentieren und widerspiegeln.

Abb. 24: Der Gouverneurspalast, vom Pier im Osten aus gesehen

## Das Archäologische Museum

Wir folgen der Uferstraße, die am Mandraki-Hafen entlangführt, der künstlich angelegt und im 4. Jh. v.Chr., als die Hauptstadt in den Norden verlegt wurde, mit einer Mauer umgeben worden ist. *Mandraki* heißt *Pferch*.

Biegen wir links ab, stoßen wir auf das Archäologische Museum, das die Italiener 1936 eingeweiht haben. Es enthält interessante Ausstellungsstücke, die auf der Insel gefunden worden sind, hauptsächlich aus der hellenistischen und römischen Zeit.

Im Zentrum, dem Atrium, fällt unser Blick auf ein Mosaik, das die Ankunft des Asklepios zeigt. Der bärtige Gott, der einen Heroldsstab in der linken Hand hält, entsteigt einem Boot, das gerade angekommen ist. Er überbringt eine Botschaft. Wir werden uns in dem Asklepieion, das seinen Namen trägt, ausführlich mit ihm beschäftigen. (cf. S. 111ff.). Er ist der Gott der Heilkunst. Man glaubte, dass er Krankheiten heile, wenn man sich im Gebet und mit Opfergaben an ihn wendet. Die Medizin bleibt ihm auch dann noch verbunden, als Hippokrates sie auf eine neue wissenschaftliche Grundlage gestellt hat. Ein Hirte, der für die Menschen auf der Insel steht, begrüßt ihn freundlich. Der am Ufer sitzende bärtige Mann wird als Hippokrates gedeutet. Er wirkt merkwürdig unbeteiligt, blickt ins Leere. Will er zeigen, dass er andere, neue Wege entdeckt hat, der Krankheiten Herr zu werden?

Das Bild des Mosaiks schmückt den Einband des Buches.

Die im Rund des Peristyls aufgestellten Statuen stammen aus dem Odeon und werden in das 1./2. Jh. v.Chr. datiert. Sie stellen Gottheiten dar: Asklepios und seine Tochter Hygieia, die Gesundheit, die Jagdgöttin Artemis und Dionysos, den Gott der Fruchtbarkeit und des Weins, in einer Gruppe mit einem Satyr und Pan, Naturgottheiten. Sie schenken den Menschen Wohlbefinden, die Freuden der Jagd und des Lebensgenusses.

In einem besonderen Raum steht die Statue, die man – nach neuesten Erkenntnissen irrtümlich – als *Hippokrates* deutet. Sie ist vermutlich eine hellenistische Kopie eines klassischen Werkes.

Der westliche, rechte Saal zeigt Köpfe aus der hellenistischen Zeit, unter denen vier durch ihre Größe hervorstechen: Alexander, Herakles/Hercules, Hermes und wieder Dionysos. Alexander der Große hat Kos von den Persern befreit, Herakles/Hercules galt dank seiner siegreichen Taten gerade den Dorern – unter ihnen besonders den Koern (cf. S. 23) und später den Römern – als ein vorbildlicher Heros, und Hermes, der zwischen den Göttern und Menschen vermittelnde Gott, wurde auch als Beschützer der Herden verehrt, an denen Kos reich war. Sicher nicht zufällig ist es auf dem Mosaik des Atriums ein Hirte, der Asklepios begrüßt.

Abb. 25: Überlebensgroße männliche Statue (lokal bekannt als Hippokrates, wahrscheinlich Arzt aus dem Geschlecht der Asklepios), Römisches Odeon, Ende 4. Jh. v.Chr.

Abb. 26: Marmorstatue der Hygieia, Göttin der Gesundheit, 3. bis 2. Jh. v.Chr., Archäologisches Museum, Kos

In dem östlichen, linken Saal ist der erhängte Marsyas ausgestellt, der Satyr, der mit seiner Flöte den leierspielenden Apollon zu einem Wettkampf herausgefordert hat – und verlor. Er wurde gehängt und gehäutet, zu seinem Unglück war er unsterblich. Er ist ein Beispiel für die Anmaßung, sich mit einem olympischen Gott messen zu wollen. Sich in die Begrenztheit des dem Menschen Möglichen zu fügen, war eine Grundforderung der griechisch-römischen Religion und Ethik.

Abb. 27: Statue der Göttin Artemis, Archäologisches Museum, Kos

Abb. 28: Skulptur des Gottes Dionysos mit Satyr, Archäologisches Museum, Kos

Im ersten Saal des Obergeschosses zieht eine Grabstele, die eine stillende Mutter zeigt, die Blicke auf sich. Schon kurz nach der Geburt hat der Tod ihr das Kind entrissen.

In einer Vitrine ist die Plastik eines Pferdes ausgestellt, die schon allein deshalb bedeutend ist, weil sie aus dem 9./8. Jh. v.Chr. stammt.

Abb. 29: Torso der Statue des Gottes Hermes,
Archäologisches Museum, Kos

## Die antike Agora

Vom Museum aus wenden wir uns dem Platz zu, der das Zentrum der 366 v.Chr. gegründeten Hauptstadt war, der **Agora** (cf. S. 28). Die Stadt war von einer Mauer umgeben, die sich vom Museum nach Westen bis zum Hafen, nach Süden bis zum Tempel des Herakles (20) erstreckte. Die Agora maß 152 m in der Länge und 82 m in der Breite. Sie endete an dem Decumanus (cf. S. 86), der zentralen römischen Straße, die die Stadt von West nach Ost durchquerte.

Sie ist überbaut worden, erst von den Rittern, dann von den Türken.

Die Ritterstadt und die türkischen Häuser sind 1933 bei einem schweren Erdbeben fast völlig zerstört worden. Italienische Archäologen haben die Trümmer fortgeräumt und die antike Agora freigelegt. Leider sind ihre Arbeiten nicht gut dokumentiert worden.

Eine wissenschaftliche Aufarbeitung, die die angegebenen Datierungen und Zuweisungen sichert, fehlt. Die Frage, wie weit die Rekonstruktionen dem ursprünglichen Zustand entsprechen, ist noch immer nicht zuverlässig beantwortet. Daher stehen die folgenden Ausführungen unter einem Vorbehalt.

Eine Agora war der zentrale Platz einer Stadt. Hier befanden sich Tempel und Altäre, Regierungsgebäude, Läden und Werkstätten, hier trafen sich die Menschen, flanierten, diskutierten, plauderten. Hier konnten sich die Bürger versammeln, um über Angelegenheiten ihres Staates zu beraten und Beschlüsse zu fassen. *agéirein* heißt *versammeln, agoréuein in einer Volksversammlung reden.*

Zwei dorische Säulen hat man wieder aufgerichtet und durch ein Gebälk miteinander verbunden. Ein deutliches, die Typen antiker Säulen unterscheidendes Charakteristikum ist der obere Abschluss, das Kapitell (zu *capitalium – Köpfchen*). Das Kennzeichen des dorischen Kapitells ist eine Art abgeflachtes Kissen. Die Säulen gehörten wohl zu der **Stoa** (18), von deren Front noch acht korinthische Säulen erhalten sind. Die Stoa war eine überdachte Halle, die an den Seiten und im Rücken geschlossen war. Als *korinthisch* bezeichnet man eine Säule, deren Kapitell aus Akanthusblättern besteht. Der Bau ist im 4./3. Jh. v.Chr. errichtet und im 2. Jh. n.Chr. aufgestockt worden, damals sind auch die jonischen durch korinthische Säulen ersetzt worden.

Wie sich die beiden hohen dorischen Säulen in die Architektur dieses Baus einordnen, erschließt sich nicht.

Die Menschen konnten sich in einer Stoa wie dieser, geschützt vor den Unbilden der Witterung, die Zeit vertreiben, der Geschäftigkeit auf der Agora zusehen, sich in Läden mit allem versorgen, was das Herz begehrte.

Unmittelbar daneben wurde in frühchristlicher Zeit (5. Jh. n.Chr.) die sogenannte **Hafenbasilika** gebaut, von der aber nur noch wenig erhalten ist. Ein Teil der Stoa wurde in sie einbezogen. Sie bestand aus dem Langhaus, einem der Kirche vorgelagerten Hof, dem Atrium, und einem Baptisterium. Sie war eine der ersten Bauten der christlichen Ära und eine der größten ihrer Art im Mittelmeerraum.

Im Zentrum der Agora lag das **Aphroditeheiligtum** (19). Es ragte heraus, sodass man es, wenn man in den Hafen einfuhr, sehen konnte. Man erkennt es an den weißen Säulenstümpfen, die auf einem Podest stehen. Es handelt sich um eine von dorischen Säulen umfasste Anlage, in der, wie man aus einer Inschrift weiß, zwei rechteckige Tempel nebeneinander angeordnet waren. In beiden wurde Aphrodite verehrt, in dem einen als *Pándemos*, in dem anderen als *Póntia*. Was die Aphroditen unterschied, formuliert Platon, der bedeutende griechische Philosoph, der von 447–327 v.Chr. lebte, folgendermaßen: Die Gewöhnliche (*Pándemos* zu *pan – ganz* und *démos – Volk*), sagt er, liebten die einfachen Leute, denen mehr an dem Körper als an der Seele liegt, denen es nur um sexuelle Befriedigung im Verkehr mit Männern und Frauen geht. (Symposion, 180c). In diesem Sinn standen besonders die Prostituierten unter ihrem Schutz. Ursprünglich hatte sie eine ganz andere Funktion: Unter ihrem Namen hat Theseus ihren Kult in Athen eingerichtet, als er die Stadt zum Zentrum Attikas gemacht hat. Man spricht von einem *Synoikismós*. In diesem Sinne war sie eine politische Göttin. (Pausanias, 1,23,3). Es könnte durchaus sein, dass sie auf der Agora von Kos auch auf die Gründung der Hauptstadt und den Synoikismos 366 v.Chr. verweist. (cf. S. 28).

Abb. 30: Tempel der Aphrodite, ca. 200 v.Chr.

Da Aphrodite im Meer geboren worden ist, lag es nahe, sie als *Póntia* (zu *póntos – Meer*) und *Eúploia* (zu *eu – gut* und *ploíon – Schiff*) mit der Schifffahrt zu verbinden und als Schutzherrin der Seefahrer und aller, die zur See unterwegs sind, zu verehren.

Von den Seeleuten, den Schiffseignern und Händlern erwarteten die Priester eine Spende vor Beginn einer Fahrt oder nach deren glücklichem Ende. Die antiken Heiligtümer waren reich und nahmen auch die Funktion von Banken wahr.

Es ist nicht ungewöhnlich, dass Gottheiten verschiedene Funktionen und entsprechend viele Beinamen haben. In dem aus dem 7. Jh. v.Chr. stammenden homerischen Hymnus wird Aphrodite geradezu als eine allmächtige Göttin gepriesen:

*Nenne mir, Muse, die Taten der goldenen Aphrodite*
*Kypris, die bei den Göttern die süße Sehnsucht der Liebe*
*weckt und der sterblichen Menschen Geschlechter in ihre*
*Gewalt bringt,*
*oben im Himmel die Vögel und all die anderen vielen*
*Tiere, die das Festland ernährt und das Meer. Die Taten*
*Kytheraias, der schön bekränzten, erfreuten alle.*
(5. hom. Hymnus, VV. 1–6).

In Kythera, einer der Peloponnes im Südosten vorgelagerten kleinen Insel, hat sie, die aus dem Schaum des Meeres geborene Göttin, erstmals Land betreten, dann wieder auf Zypern, einem Zentrum ihres Kultes.

Etwa zur gleichen Zeit, um 200 v.Chr., ist auch **Herakles** ein Tempel geweiht worden (20), von dem nur die Fundamente und wenige Mauerreste erhalten sind. An der Südseite hat man Mosaiken gefunden: einen Fischer, den von Tieren umgebenen Orpheus und Herakles selbst, der ein Symposion feiert. Herakles war ein Sohn des Zeus und einer sterblichen Frau. Er war eine ambivalente Gestalt: tapfer, aber auch unmäßig. Er nahm in der Mythologie dadurch eine besondere Stelle ein, dass er, ein sterblicher Heros, unter die Götter aufgenommen worden ist. Die Unsterblichkeit galt in der antiken Religion als das Hauptmerkmal der Götter, das sie von den sterblichen Menschen unterschied. Man sprach von den *athánatoi/immortales* im Gegensatz zu den *thnetói/mortales*.

Zeus selbst sorgte dafür, dass sein göttlicher Erbanteil gegenüber dem menschlichen der Mutter dominierte:

*„Ewig ist, was er von mir erhalten hat, er*
*hat keinen Anteil am Tod. Er ist von ihm gefeit. ... Mein*

*Erbe will ich, wenn es sein Erdendasein beendet*
*hat, an der Himmelsgrenze empfangen, und ich glaube,*
*dass, was ich tue, allen Göttern Freude bereitet.“*
*Kaum hat der Held aus Tiryns seine menschlichen Glieder*
*abgelegt, wurde der Teil seines Wesens, der gut ist, stark, und*
*größer begann er zu erscheinen und erhaben.*
*Ehrfurcht gebietend begann er zu werden. Sein mächtiger Vater*
*riss ihn in einer Wolkenhülle empor und trug ihn*
*auf seinem Viergespann unter die glänzenden Sterne.*

So erzählt es der römische Dichter Ovid, der von 43 v.Chr. bis 17/18 n.Chr. gelebt hat. (Met. 9, VV. 253–272 passim).

Das mittelalterliche Christentum hat den Heros mit Jesus verglichen: Ist er doch wie dieser ein Sohn Gottes und einer sterblichen Mutter gewesen und in den Himmel aufgenommen worden.

Für den jungen Hölderlin (1770–1843) war Herkules das große Vorbild, dem er nacheiferte und dem er auf seine Weise und mit den ihm verliehenen Gaben ebenbürtig werden wollte.

*An Herkules* (1796) ist der Titel eines Gedichtes, in dem er sich an die Seite des Helden stellt. Am Schluss heißt es:

*Sohn Kronions! An die Seite*
*tret ich nun errötend dir,*
*der Olymp ist deine Beute,*
*komm und teile sie mit mir!*
*Sterblich bin ich zwar geboren,*
*dennoch hat Unsterblichkeit*
*meine Seele sich geschworen,*
*und sie hält, was sie gebeugt.*

In jüngster Zeit hat Friedrich Dürrenmatt (1921–1990) den antiken Helden in seinem Stück *Herkules und der Stall des Augias* zu seinem Protagonisten gemacht.

Aus der Vielzahl der Rezeptionen in der Bildenden Kunst greifen wir Albrecht Dürers Kupferstich *Der große Herakles* (1497) heraus, aus dem Bereich der Musik erwähnen wir Georg Friedrich Händels (1685–1759) Oratorium *Herakles*.

So fern, wie wir manchmal denken, sind uns die antiken Götter nicht.

Wenn wir von Tempeln sprechen, müssen wir uns dessen bewusst sein, dass sie nicht wie in den meisten Religionen Orte sind, an denen sich die Gemeinde versammelt. In ihnen wohnt die Gottheit, sie wird durch die sie darstellende Statue repräsentiert. Der Altar, an dem die Menschen sie verehren und die Priester die Opfer vollziehen, steht vor dem Tempel.

In der antiken Religion ging es mehr um die Teilnahme an der rituellen Handlung als um den Glauben und die innere Einstellung. Wir werden in Asklepios einen Gott kennenlernen, der eine Ausnahme von dieser Regel darstellte. (cf. S. 111ff.).

## Zeugnisse der nachantiken Geschichte

Nachantike Monumente, die man in unmittelbarer Nähe der Agora entdeckt, sind sichtbare Beweise dafür, dass hier noch zur Zeit des frühen Christentums, der Johanniter und Türken das Zentrum der Stadt war, in der das Leben pulsierte.

Abb. 31: Tor der Steuern (Fórou-Tor),

Ein Zugang zur Agora führte durch das **Tor der Steuern – Porta tou Fórou** (zu *phóros – Steuer*) (15). Es ist von den Johannitern 1391–1396 erbaut worden und war Teil der mittelalterlichen Mauer. Hier mussten die auswärtigen Händler ihre Waren versteuern, bevor sie auf dem Markt verkauft werden durften. Das Tor ist durch das Erdbeben 2017 beschädigt worden.

An die Türkenzeit erinnern die Hadji-Hassan- und die Defterdar-Moschee.

Die dreistöckige, mit einem Ziegeldach statt einer Kuppel gedeckte **Hadji-Hassan-Moschee** oder **Gazi-Hasan-Pascha-Moschee** (13) heißt wegen ihrer schönen Loggia auch **Loggia-Moschee**. Ihr Minarett reckt sich sichtbar in die Höhe. Sie ist 1786 mit Steinen antiker Monumente erbaut worden. Sie ist baufällig und wird nicht mehr als Gotteshaus genutzt. Vor ihr steht ein Brunnen, dessen Dach von korinthischen Säulen getragen wird; er diente den rituellen Waschungen, die der Islam vorschreibt.

Abb. 32: Die Gazi-Hasan-Pascha-Moschee (Loggia-Moschee), von der Agora aus gesehen

Etwas älter ist die überkuppelte **Defterdar-Moschee** (17). Sie stammt aus dem Jahr 1725. Sie ist bei dem Erdbeben 1917 so stark beschädigt worden, dass eine Nutzung nicht mehr möglich ist. Das Minarett ist eingestürzt.

Abb. 33: Defterdar-Moschee mit dem muslimischen Brunnen

Der Islam legt Wert auf eine strikte Einhaltung seiner Reinheitsvorschriften. Deswegen haben die Eroberer es für wichtig erachtet, sich möglichst schnell ein Badehaus, ein **Hamam** (10), einzurichten. Die Bauzeit lässt sich nicht sicher ermitteln, sie wird in die Mitte des 17. Jahrhunderts datiert. Das rechteckige Gebäude ist von mehreren Kuppeln mit Lichtöffnungen überdacht. Es hat eine separate Frauenabteilung. 1933 ist es von den Italienern teilweise umgebaut worden. Nach dem 2. Weltkrieg diente es als Salzdepot. Inzwischen ist es restauriert, denkmalgeschützt und als Museum eingerichtet.

Das Hamam ist ein Dampfbad, dessen Geschichte auf die römischen Thermen zurückgeht. (cf. S. 101ff.). Wie sie war es ein Ort, an dem man lange verweilen, sich entspannen, diskutieren, geschäftliche Abmachungen treffen konnte. Eltern verkuppelten hier gern ihre Töchter und Söhne.

Abb. 34: Das türkische Bad, Außenseite des restaurierten Hamam

Eine sehr anschauliche Vorstellung eines türkischen Badehauses vermittelt der Bericht des preußischen Generalstabsoffiziers Helmuth von Moltke (1800–1891), der von 1835–1839 als Instrukteur der türkischen Armee in der Türkei tätig war.

> *Man schlug mir vor, ins Hamam oder türkische Bad zu gehen. ... Wir traten in ein weites hohes Gebäude, in dessen Mitte ein Springbrunnen plätscherte. ... Ich verspürte nicht die geringste Versuchung, nur das kleinste Stück meiner Toilette abzulegen; überdies sah ich überhaupt keine Badewanne. ... Der Badewärter, der in unseren bedenklichen Mienen las, führte uns in ein zweites Gewölbe, in dem schon eine ganz anständige Hitze war. Hier bedeutete man uns durch Zeichen, dass wir uns entkleiden möchten; man wickelt sich ein halbseidenes blaues Tuch um die Hüften und bekommt ein Handtuch als Turban um den Kopf, von dem angenommen wird, dass er uns nur aus Versehen nicht geschoren ist. Nach dieser Einkleidung schob man uns in eine dritte gewölbte Halle hinein, deren marmorner Fußboden so stark geheizt war, dass man ihn nur auf hölzernen Pantinen (Galendschi) betreten konnte. Unter der Mitte der Kuppel ... erhebt*

*sich ein zwei Fuß hohes Plateau mit Marmor, Jaspers, Porphyr und Agat reich ausgelegt, auf welches man sich behaglich hinstreckt.*

*Der Telektschi oder Badewärter schreitet nun zu einer ganz eigentümlichen Prozedur. Der ganze Körper wird gerieben und alle Muskeln gereckt und gedrückt. Der Mann kniet einem auf der Brust oder fährt mit dem Knöchel des Daumens über das Rückgrat; alle Glieder, die Finger und selbst das Genick bringt er durch eine leichte Manipulation zum Knacken. ... Man begibt sich nun in die kleinen, noch stärker erwärmten Zellen, welche die große Halle umgeben. Hier sprudelt klares Wasser in Marmorbecken, und zwar nach Belieben aus zwei Hähnen, warmes und kaltes. Der Patient wird nun demselben Verfahren unterworfen wie die türkischen Pferde beim Striegeln, indem nämlich der Wärter einen kleinen Sack aus Ziegenhaar über die rechte Hand zieht und damit den ganzen Körper anhaltend überfährt. Dies ist allerdings eine gründliche Reinigung, und man möchte sagen, dass man noch nie gewaschen gewesen ist, bevor man nicht ein türkisches Bad genommen hat. Der Telektschi erscheint nun aufs Neue mit einer großen Schüssel mit wohlriechendem Seifenschaum. Mittels eines großen Quastes aus den Fasern der Palmrinde seift er seinen Mann vom Scheitel bis zur Fußsohle, Haare, Gesicht, alles ein, und mit wahrem Vergnügen gießt man sich dann das kalte Wasser über Kopf, Brust und Leib. ... Wir streckten uns nun in der Eingangshalle so behaglich hin, wie wir es von den Türken sahen.*

(Helmuth von Moltke: Unter dem Halbmond. Aus den Briefen über Zustände und Begebenheiten in der Türkei aus den Jahren 1835–1839, zitiert nach Projekt Gutenberg. Quelle: Wikipedia.)

Zu den aus der italienischen Zeit stammenden Monumenten zählt der 1928 errichtete **Justizpalast**. Eine lateinische Inschrift macht uns alle zu Dienern der Gesetze: *legum omnes servi sumus*. Eine Gedenktafel erinnert an Freiheitskämpfer, die hier 1944 von den Deutschen erschossen wurden. Die Duplizität lehrt: Es kommt darauf an, wer die Gesetze erlässt, eine Diktatur oder ein Rechtsstaat.

Abb. 35: Casa del Fascio (Haus der Faschistischen Partei)

Abb. 36: Markthalle (Dimotikí Agorá),
1934 in einem arabisch-italienischen Mischstil erbaut

Die **Casa del Fascio – das Faschistenhaus** – wurde in den dreißiger Jahren als Cinema-Teatro-Ristorante erbaut. Die Gemeinde hat es erworben und an eine Frauenkooperative verpachtet, die es unter dem Namen Café Aigli (zu *áigle – Glanz*) führt und ihre Kunden mit jeglicher Art Spezialitäten erfreut. Das Café-Restaurant zeigt beispielhaft, wie man eine ungeliebte Vergangenheit in eine erfreuliche Gegenwart transformieren kann und wie man Frauen mit keinem oder niedrigem Einkommen helfen kann, sich ihren Lebensunterhalt zu verdienen. Von der Terrasse genießt man einen schönen Blick auf die Defterdar-Moschee und das bunte Treiben in den **Markthallen**, die ebenfalls aus der italienischen Zeit stammen (1934).

Etwas abseits des Zentrums liegen zwei Denkmäler, die unscheinbarer sind als die erwähnten Prachtbauten, aber trotzdem einen Besuch lohnen.

Abb. 37: Kirche Hagios Georgios Arrenagogeiou

Zwischen der Agora und der Hafenstraße (*Akti Miaouli*) liegt die aus der späten byzantinischen Zeit stammende **Kirche Hagios Georgios Arrenagogeiou – Sankt Georg der Schule für Jungen** (zu *ársen – männlich*) (21). Der merkwürdige Name stellt eine Verbindung zu der Jungenschule her, die 1882 von der Stadt Kos mit

Genehmigung der türkischen Behörden in der Nachbarschaft gegründet worden ist. Die Kirche besaß einen Weinberg, aus dem ihr Einnahmen zuflossen, mit denen sie zur Finanzierung der Schule beitrug. Der einschiffige Raum wird durch eine halbkreisförmige Apsis abgeschlossen. Er ist überkuppelt und erhält Licht aus Fenstern, die nicht nur in die Wände, sondern auch in die Kuppel eingefügt sind. Die Kirche hat alle Erdbeben unbeschädigt überdauert.

Abb. 38: Die restaurierte Jüdische Synagoge

Eine **Synagoge** (14) hält die Erinnerung an die jüdische Gemeinde wach. Man erreicht sie, wenn man auf dem Weg zur Burg nach links in eine kleine Gasse abzweigt. Seit dem 2. Jh. v.Chr. gab es eine jüdische Gemeinde. Sie existierte, bis die Mitglieder von den Johannitern vertrieben worden sind. Zur Zeit der Türkenherrschaft kehrten Juden zurück, Flüchtlinge aus Spanien. Als die Christen im 15. Jahrhundert die von Muslimen beherrschte Iberische Halbinsel zurückeroberten (Reconquista, 1492 Eroberung von Granada) und viele Juden sie verließen, bot ihnen der Sultan Asyl. Sie lebten in friedlicher Koexistenz mit der einheimischen Bevölkerung, bis die Nazis das jüdische Leben vollkommen auslöschten. (cf. S. 60f.). Die Italiener haben die aus dem 18. Jahrhundert stammende und durch das Erdbeben 1933 zerstörte Synagoge wieder aufgebaut, die Stadt Kos hat sie 1984 übernommen. Sie wird als Kulturzentrum genutzt. Die wachsende Zahl jüdischer Touristen veranlasste die

Stadt, das Gebäude so zu restaurieren, dass es auch seinen ursprünglichen Zweck als ein Ort des Gottesdienstes und Gebets wieder erfüllen kann. Im Sommer 2023 ist es eingeweiht worden.

### Das Kastell (Antimachia) Neratzia

Das Areal, auf dem die Johanniter ihre Burg (10) bauten, war damals eine Insel. Heute ist es eine Halbinsel. Sie waren nicht die ersten, die seine strategische Bedeutung erkannten. Man wird annehmen, dass schon die Griechen hier eine Burg errichteten, um den Hafen zu schützen; sicher haben es die Byzantiner getan.

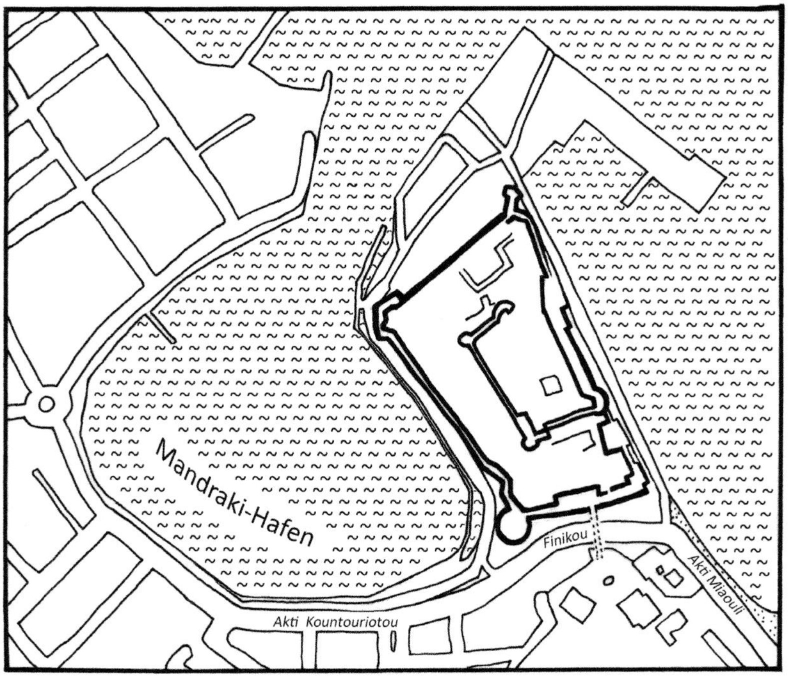


*E.H.-S.*

Abb. 39: Lage und Grundriss

Der Orden hat 1336, 21 Jahre nach seiner Ankunft (1315), mit dem Bau begonnen. Es ging ihm vor allem auch darum, den Seeweg zu kontrollieren. Dafür begannen sie einige Jahre später, auf dem Festland in Halikarnassos/Bodrum ebenfalls eine Burg, das Kastell

St. Peter, zu errichten. (cf. S. 52). In Kos gab es zunächst nur den inneren Ring. Er war mit einem Wassergraben umgeben, den man über eine Zugbrücke überquerte. Heute blickt man auf einen sehr schönen Palmenboulevard hinunter, den die Italiener angelegt haben. Die vier Ecken der Burg waren durch Türme bewehrt.

Abb. 40: Ansicht von Westen

Die Anlage sollte sich bald als zu schwach erweisen, um den immer wieder anstürmenden Türken gewachsen zu sein. So fügte man 1493 einen zweiten Mauerring hinzu, der mit Bastionen verstärkt wurde. Inzwischen war das Schwarzpulver erfunden worden, und man musste sich auch gegen Kanonenbeschuss wappnen. Die neue Verteidigungsanlage konnte nicht mehr auf die Probe gestellt werden. Sie war erst 1514 fertiggestellt, und nur neun Jahre später, 1523, musste der Orden die Insel kampflos räumen. Die Türken hatten das Ordenszentrum, die Insel Rhodos, erobert. (cf. S. 52).

Dem Besucher wird auffallen, dass in die Mauern viele antike Spolien verbaut worden sind, und er wird die Wappen entdecken, die die Ritter an den Mauern angebracht haben. Von den Gebäuden, die einst im Innern standen und die Wachmannschaften beherbergten, wird er nur noch Fundamente sehen, stattdessen regellos verstreute Relikte aus der Antike: Altäre, Säulentrommeln, Kapitelle, Grabsteine, auch Statuen und Mosaiken.

Abb. 41: Blick in das Innere

Die Türken nutzten die Festung als Sitz des Stadtverwalters und Kaserne.

Die Schäden, die das Erdbeben des Jahres 2017 angerichtet hat, sind inzwischen behoben, sodass der Besichtigung nichts im Wege steht. Im Innenhof finden wieder Freilichtaufführungen statt; der Bau, der dem Krieg seine Entstehung verdankt, dient friedlicher Nutzung.

*Antimachia* heißt *Verteidigungsanlage*, der Name *Neratzia* ist von dem griechischen Wort für *Bitterorangenbaum* abgeleitet und deutet darauf hin, dass er in der Stadt und sicher auch sonst auf der Insel reichlich vertreten war. Seine Frucht ist zwar ungenießbar, aber er ist eine Zierde mit erotischem Flair. So spiegelt auch der Name den Wandel von der Militäranlage zu einem Ort friedlichen Beisammenseins wider.

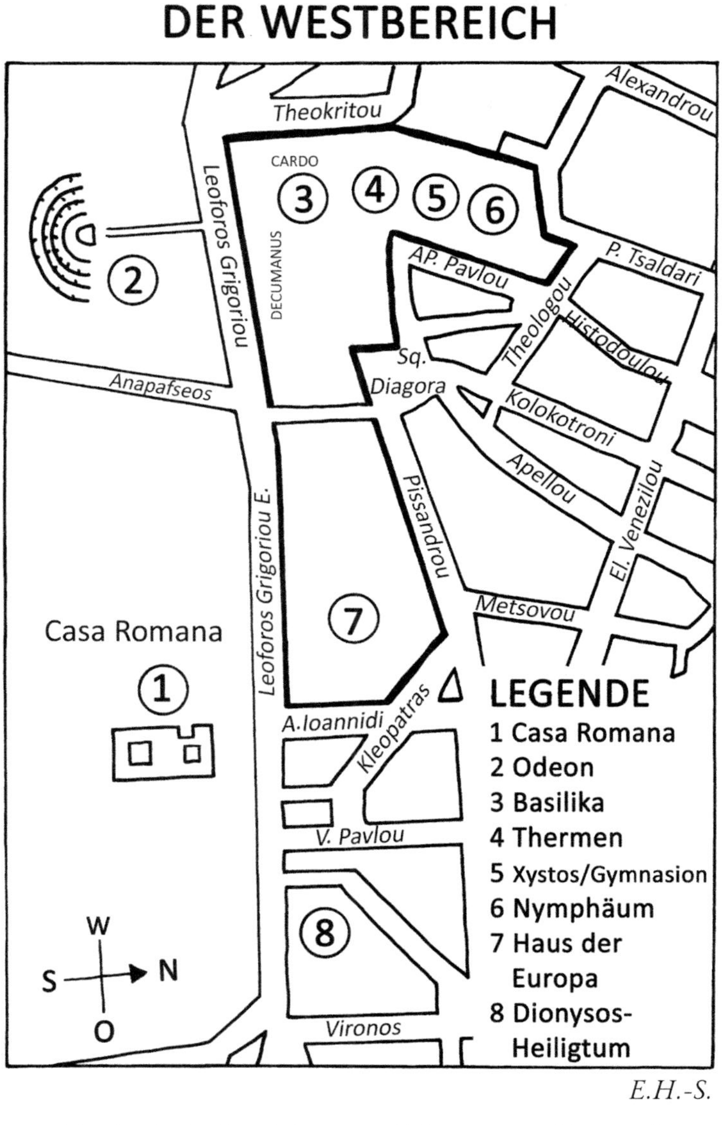


Abb. 42: Stadt Kos, Sehenswürdigkeiten: der Westbereich

## 3.2 Der Westbereich

### Decumanus und Cardo

Wer von den Ausgrabungen der Agora enttäuscht ist, wird von dem, was der im Westen gelegene Stadtteil der antiken Hauptstadt zu bieten hat, reichlich entschädigt. In diesem Bereich wohnten die reichen Römer. Und was von ihnen erhalten ist, lohnt eine mehr als flüchtige Besichtigung. Es stammt aus dem 2./3. Jh. n.Chr., ist nach dem großen Erdbeben des Jahres 142 errichtet worden, nicht selten auf den Fundamenten der zerstörten Häuser der griechischen oder römischen Vorbesitzer. (cf. S. 48).

Hier kreuzten sich die beiden wichtigsten Straßen, der von Osten nach Westen (parallel zur Gregoriou-Straße) zum Hafen führende **Decumanus (maximus)** und der von Norden kommende **Cardo (maximus)**.

Abb. 43: Die von Säulen flankierte Hauptachse (cardo maximus) der römischen Stadt Apameia am Orontes in Syrien

*Decumanus* heißt *zum Zehnten gehörig*, entwickelte sich dann aber zu der Bedeutung *groß*, *prächtig*. Wurde ein Lager angelegt oder eine Stadt neu gegründet, so wurden die Straßen schachbrettartig parallel zu den Achsen angelegt.

Der Decumanus war ca. 10 m breit, der Cardo ca. 5 m. Beide Straßen waren von Arkaden gesäumt und mit Steinplatten belegt, auf denen man noch deutlich Wagenspuren erkennen kann. Neben den Fahrstraßen verliefen Bürgersteige.

Am Rand des Ausgrabungsgebietes verdienen drei Gebäude besondere Aufmerksamkeit: das Römische Haus – Casa Romana (1) –, das Odeon (2) und das Nymphäum (6).

## Die Casa Romana

Die **Casa Romana** (1) ist nicht in ihrem originalen Zustand erhalten, sie ist von den Italienern 1934–1940 rekonstruiert und zu Beginn des 2. Jahrtausends aus Mitteln der EU restauriert worden. Sie wurde im 3. Jh. n.Chr. auf den Ruinen dreier aus dem 3. Jh. v.Chr. stammender Häuser erbaut. Sie verfügte über 37 Räume auf einer Fläche von 2300 $m^2$.

Römische Häuser wirkten nach außen abweisend, ihre Fassade war nicht gegliedert, nicht geschmückt, fensterlos, verfügte nur über eine Tür zur Straße. Das Leben der Familie entfaltete sich im Innern. Für Licht und Luft sorgten Öffnungen im Dach oder Höfe, um die die Zimmer angeordnet waren.

Wir betreten das Haus und versetzen uns in die Rolle eines antiken Besuchers.

Es gibt keinen Flur. Der erste Raum ist das *Atrium* (1), eine überdachte Halle. Ursprünglich bezeichnete der Name eine vom Rauch des Kaminfeuers geschwärzte Stube (zu *ater* – *schwarz*). Hier stand der häusliche Herd, um den sich die Familie zu versammeln pflegte. Eine Öffnung im Dach, das *Impluvium*, belüftete und beleuchtete den Raum, diente aber zugleich dazu, das Wasser von den Regenrinnen zu sammeln und nach unten zu leiten (zu *pluere* – *regnen*). Dort wird es von dem *Compluvium* aufgefangen.

In dem sich anschließenden repräsentativen Raum, dem *Tablinum*, empfing der Herr (*patronus*, *pater familias*) seine Klienten, ärmere Bürger, die sich seinem Schutz anvertrauten und ihn im Gegenzug bei Wahlen unterstützten. Der Gast schritt vom Eingang durch das Atrium auf den Hausherrn zu. Das römische Haus diente in erster Linie der Repräsentation.

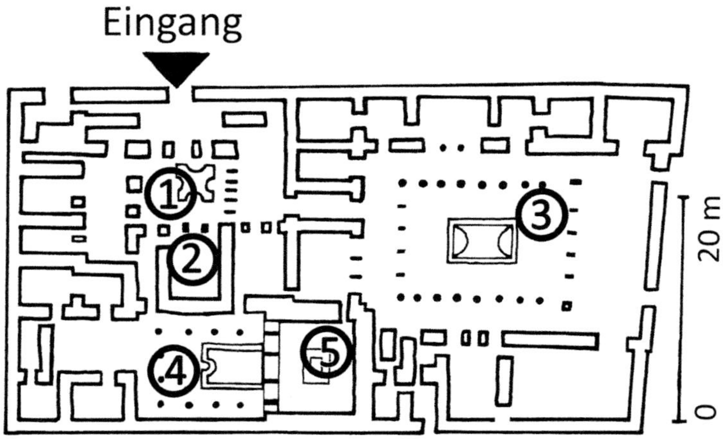


1 Atrium 2 erster, innerer Hof 3 größter Hof 4 dritter Hof 5 Triclinium

*E.H.-S.*

Abb. 44: Grundriss der Casa Romana

Rings um die zentralen Hallen sind kleinere Räume angeordnet, die ganz unterschiedlichen Zwecken dienen konnten, Schlafzimmer, Ruheräume, in die man sich zum Mahl zurückzog, Wohnräume für Sklavinnen und Sklaven. Sie waren in ihrer Funktion nicht festgelegt. Sie hießen *cubicula*, ein Wort, das man mit *Schlafzimmer* übersetzt. Möglicherweise leitet sich der Name eher von *cubus – Würfel* ab als von *cubare – liegen*, bezeichnet also eher die Form als die Funktion. Auch die Küche und – nicht zu vergessen – die Toilette befanden sich hier.

Vom Tablinum gelangen wir auf den ersten, den inneren Hof (2). Er ist mit einem Mosaik geschmückt: Ein Löwe springt einen Hirsch an, ein Leopard greift ein Reh an.

Unter dem Einfluss der Griechen hatte sich das Leben der römischen Familie immer mehr auf die Höfe verlagert.

Vom Eingang aus bot sich dem Eintretenden ein weiter Blick, der durch das Atrium und das Tablinum hindurch bis in den lichtdurchfluteten Hof reichte.

Linker Hand treffen wir auf einen weiteren Hof (3), er ist der größte und ist von einer teils ein-, teils zweistöckigen Kolonnade eingefasst. Das Mosaik zeigt einen Delphin und eine Meeresgottheit, die auf einem Seepferd reiten.

Besondere Sorgfalt hat man auf den dritten Hof (5) und das sich linker Hand anschließende *Triclinium* (5), den Festsaal (zu *tria – drei* und *klíne – Liege*), aufgewandt. Der Hof ist von einer doppelten Säulenreihe umgeben, die auf drei Seiten ein jonisches, auf einer Seite ein korinthisches Kapitell trägt.

Höfe, die von Säulen umrahmt sind, nennt man *Peristyle* (zu *stýle – Säule, Stütze*). Sie waren mit Springbrunnen ausgestattet, deren Wasser für erfrischende Kühle wie für angenehm plätschernde Geräusche sorgten. Die sie umgebenden Räume sind mit Mosaiken geschmückt: ein eine Gämse angreifender Löwe und ein einen Hirsch packender Greif, Bilder aus dem Meeresleben, ein Tiger, ein Leopard und Personen.

Im Triclinium standen drei Speisesofas, auf die man sich zum Essen lagerte, jeweils zu zweit oder zu dritt auf einer Kline, nicht beliebig, sondern nach einer streng vorgeschriebenen hierarchischen Ordnung: Je höher der Rang, desto näher rückte man an den Hausherrn und Gastgeber. Die Zahl der Personen konnte sechs bis neun nicht überschreiten.

Das Triclinium hatte die Funktion übernommen, die das Atrium im alten römischen Haus hatte, bevor es unter griechischem Einfluss um Höfe und Speisesaal erweitert wurde.

Die Begriffe *Peristýl* und *Triclinium* verweisen auf ihren griechischen Ursprung.

Es gab Villen, in denen sich das Triclinium auf einen üppig bepflanzten Garten öffnete.

Anders als die Griechen, die sich zu einem *Symposion*, einem *Trinkgelage*, trafen, feierten die Römer ein Bankett.

> *Wir (Römer) treffen nicht zusammen, um zu trinken, sondern, um zusammen zu speisen, weil der Mensch ein soziales Wesen ist.*
>
> (Plutarch – ca. 45 – ca. 120 n.Chr. –
> Moralia Quaestionum convivialium, 3,6).

Sklaven servierten die Speisen, in der Regel drei Gänge. Anschließend trank man mit Wasser vermischten Wein im Verhältnis 1 : 3, spielte, erfreute sich an Tänzerinnen, Musikanten, Prostituierten. Private Einladungen spielten für die römischen Aristokraten eine wichtige Rolle, da es zwar Kneipen, aber keine Restaurants für gehobene Ansprüche gab. Die Ehefrauen hatten an der Mahlzeit teilgenommen, die Gesellschaft dann aber in der Regel verlassen, vermutlich gern und bereitwillig. Der Wein, der ihnen kredenzt wurde, war im Verhältnis 1 : 5 mit Wasser gemischt.

Die Casa Romana war zweistöckig, bot also viel Platz, über eine Fußbodenheizung verfügte sie aber nicht.

Eine Villa wurde von einer Familie bewohnt. Die römische Familie umfasste alle Personen, die im Haus lebten, also auch Sklavinnen und Sklaven. Ihr juristisches Fundament war die *patria potestas, die väterliche Gewalt*. Die Hausgemeinschaft war zugleich eine Kultgemeinschaft. Man verehrte die *Penaten*, die die Vorräte, und die *Laren*, die den Herd beschützten. Die Laren und Penaten waren Mächte ohne Individualität und ohne Eigennamen. Der Hausherr oder die Hausherrin vollzogen die Riten, der Aufwand war gering.

> *Die Hausherrin soll an den Kalenden, Nonen, Iden (dem 1., 5. bzw. 7., 13. bzw. 15. Tag) jeden Monats und an allen Festtagen einen Kranz auf den Herd legen und an eben diesen Tagen dem Lar familiaris, ihrem Vermögen entsprechend, ein Opfer darbringen.*
>
> (Cato – 234–149 v.Chr. –,
> Über die Landwirtschaft, Kap. 23).

Dass auch die Sklavinnen und Sklaven zur Familie gehörten, mag verwundern. Aber man muss unterscheiden zwischen den Sklaven, die als Staatssklaven auf den Latifundien oder in den Bergwerken arbeiteten, deren Leben ein Leiden war, und denen, die zum Haus gehörten. Sie wurden als Verwalter, Briefboten, Schreiber beschäftigt, vertraten ihre Herren in Finanz- und Rechtsgeschäften und waren nicht selten deren enge Vertraute. Ein prominentes Beispiel ist das herzliche, fast freundschaftliche Verhältnis, das der Politiker, Redner und Philosoph Marcus Tullius Cicero (106–43 v.Chr.) zu seinem Sklaven und späteren Freigelassenen Tiro hatte.

Die Räume eines römischen Hauses waren spartanisch ausgestattet. Sehr viel mehr als Stühle, Tische, Schränke und Lampen

(Kerzen und Öllampen) gab es nicht. Man erfreute sich an den Bodenmosaiken und den mit Marmor ausgekleideten oder mit Malereien geschmückten Wänden.

Ein Besuch der Nutzräume der Casa, des Lagers, des Waschraums, der Küche und Toilette, ist lohnenswert. Es sind Gegenstände des täglichen Lebens ausgestellt: Amphoren, Krüge, Öllampen, Kerzenhalter, Gefäße aus farbigem Glas, Münzen.

Die Statuen sind Kopien, deren Originale im Museum ausgestellt sind. Man hat zahlreiche Figuren gefunden, einen Krieger, einen Philosophen, Asklepios, Aphrodite, Athena, ein Mädchen und einen Jüngling, zwei Herakleshermen, Pfeilerschäfte, auf die die Köpfe aufgesetzt waren.

## Der Altar des Dionysos

Ehe wir die beiden anderen Gebäude besichtigen, werfen wir einen Blick auf den **Altar des Dionysos** (8), der der Casa gegenüber liegt, jenseits und unterhalb der Straße des Patriarchen Gregorios V. Er gehörte zu einem dorischen Tempel des 2. Jh. v.Chr. Für die Zuweisung an Dionysos spricht der die Altarwände schmückende Fries, der außer einer Amazonenschlacht Mänaden, Satyrn und den Silen zeigt, männliche und weibliche Wesen, die zum Gefolge des Dionysos gehörten. Wahrscheinlich hat das Pergamener Königshaus der Attaliden, die im 3./2. Jh. v. Chr. über ein großes Reich herrschten, den Altar gestiftet. Er weist die Form des berühmten Pergamonaltars auf, auf dem Dionysos zweimal an prominenter Stelle dargestellt ist, ein griechisches Pi: ein auf drei Seiten geschlossenes Rechteck; auf dessen offener Seite führte eine Rampe auf die Plattform des Altars, auf der der Priester das Opfer darbrachte. Auf zwei Statuenbasen standen vielleicht der Gott Dionysos und der großzügige Stifter. Die Attaliden betrieben eine expansive Kulturpolitik, die der Alexandrias durchaus vergleichbar war. In Delphi stifteten sie eine Terrasse mit einer Halle, in Milet ein Gymnasion und ein Stadion, in Athen die sog. Eumeneshalle sowie die zweistöckige Attalosstoa. Von dem Ehrgeiz der Könige profitierte wohl auch Kos. (cf. S. 44).

Der Gott Dionysos ist uns im Museum begegnet. Er ist der Gott des Weins und der Fruchtbarkeit, der Mysterien und des Theaters. Entgrenzung und Verwandlung gehören zu seinem Wesen.

Als *traubenbeladen* apostrophiert ihn der Sänger des homerischen Hymnus (7. Jh. v.Chr.), und er betet zu ihm:

> *Gib, dass wir wieder mit Freude die Jahreszeiten erleben,*
> *sind sie vorüber, dann wiederum viele weitere Jahre.*
>
> (26. Hymnus, VV. 12/13).

In Walter Jens' (1923–2013) Reisebericht mit dem Titel *Die Götter sind sterblich* sagt der Seher Teiresias zu Pentheus, dem König von Theben, der in seiner Stadt den Kult des Gottes verboten hat:

> *Jetzt aber herrscht der gewaltigste Gott, der Meister des Schreckens und der Furcht, der die Inbrunst verlangt, die Verzückung der Gläubigen und den nächtlichen Tanz. Frömmigkeit gibt es allein im Zeichen des Dionysos! Er ist der Herr der Nacht, des Todes und der Pest.*
>
> (a.a.O., S. 134).

Als die Schaubühne in Berlin 1974 die *Bakchen* des Euripides aufführte, sah sie in dem Gott

> *eine Manifestation menschlicher Grundbedürfnisse nach Entgrenzung des Ich, Ausleben der Triebe und rauschhafte Erfahrung. ... Dem Dionysos widerstehen heißt einen Teil der eigenen Natur unterdrücken. Die Strafe ist der plötzliche und vollständige Einsturz der inneren Dämme, wenn das Elementare mit Naturgewalt durchbricht und die Zivilisation hinwegschwemmt.*
>
> (B. Seidensticker/M. Vöhler, a.a.O., S. 324).

Der Gott verleiht einem Verlangen des Menschen Ausdruck, sich zu verwandeln, die von der Vernunft gesetzten Grenzen zu überschreiten, wie es in den römischen Saturnalien geschah und in der fröhlichen Ausgelassenheit der närrischen Fastnachts- oder Karnevalstage alljährlich geschieht. Er ist heute nicht weniger gegenwärtig als in der Antike.

Stefan Heym (1913–2001) beschwört ihn 1910 als ersehnten Widersacher des traurigen Christentums:

*Kehr wieder, Gott, dem Pentheus einst erlag,*
*du Gott der Feste und der Jugendzeit,*
*kehr wieder aus des Waldes grünem Reich,*
*kehr wieder, Gott. Erlösung, rufen wir,*
*erlöse uns vom Kreuz und Marterpfahl.*
*Tritt aus dem Walde. Finde uns bereit,*
*wir wolln dir wieder Tempel bauen, Herr,*
*wir wollen Feuer an die Kirchen legen.*
*Vergessen sei des Lebens Traurigkeit.*
(zitiert bei V. Riedel, a.a.O., S. 286).

Wie weit sind wir heute in einer Zeit der zunehmenden Säkularisierung von den Gebetswünschen des Dichters entfernt?

## Das Odeon

Das Odeon (2) liegt wie die Casa Romana an der Straße Georgiou V., ein Stück weiter nördlich. Vom Theatergott lässt sich leicht eine Verbindung zu dem Ort herstellen, der ihm seine Entstehung verdankt. Theater war Kult, Kult des Dionysos.

Der Bau stammt aus dem 2. Jh. n.Chr., er fasste 750 Zuschauer, verfügte über achtzehn Sitzreihen; die unteren neun waren durch das Material, Marmor, hervorgehoben und den Honoratioren vorbehalten. Sie waren durch einen Fries von den oberen Reihen getrennt. Anders als im griechischen Theater spiegelte die Sitzordnung der römischen Besucher die soziale Gliederung der Gesellschaft wider. Wehe, ein Plebejer verirrte sich in den Bereich der oberen Stände. Unter dem Zuschauerraum waren Läden, Schenken, Funktionsräume. Das Odeon war überdacht. Es entsprach unserem *Intimen Theater* oder *Kammerspiel*. Seine Form hatte es den großen Theatern entlehnt, deren Vorbild das Dionysostheater in Athen in der Gestalt war, die es dort in der Mitte des 4. Jh. v.Chr. erhalten hatte. Für Aufführungen der großen klassischen Tragödien und Komödien eignete es sich nicht. Der Name war von *odé – Gesang* abgeleitet. Der Zuschauer erwartete Darbietungen einzelner Personen oder kleiner Ensembles: einen Kitharaspieler mit oder ohne Gesang, einen Flötenspieler, einen Rezitator, Mimen oder Pantomimen, Tänzerinnen und Tänzer.

Abb. 45: Das Odeon, Blick vom obersten Rang auf die Bühne

In den Mimen und Pantomimen traten neben den Schauspielern auch Schauspielerinnen auf, ohne Masken. Sie tanzten und sangen. Bei den Themen der Mimen dominierte die Erotik, es wurde extemporiert und Aktuelles kommentiert. In den Pantomimen wurden Mythen aufgeführt. Sie stellten an die Akteure hohe Anforderungen.

> *Sein (des Tänzers) Hauptwerk ist ... die Geschicklichkeit, alle Sujets der Götter- und Heldengeschichten, die er in seinem Gedächtnis tief eingeprägt, also immer bei der Hand hat, mit dem schönsten Anstand darzustellen. ...*
>
> *Da unser pantomimischer Tänzer sich anheischig macht, das, was gesungen wird, durch Bewegungen und Gebärden sichtbar darzustellen, so ist ihm, wie dem Redner, nichts nötiger als die Deutlichkeit, und er muss es durch Studium und Übung auf einen so hohen Grad bringen, dass wir alles, was er uns zeigt, ohne einen Ausleger begreifen und, um mich mit den Worten eines be-*

*kannten Orakels auszudrücken, dass wir den Stummen verstehen und ihn hören, wiewohl er nicht redet.*

(Lukian – ca. 120 – ca. 180 n.Chr. – Von der Tanzkunst; Werke 2. Bd., Berlin/Weimar (Aufbauverlag), 1974, S. 440, 446, Übers.: Christoph Martin Wieland).

Eine Blütezeit erlebte die Rhetorik gerade im Osten des Römischen Reiches in den ersten drei Jahrhunderten n.Chr. Nachdem sie mit dem Ende der Republik ihren Sitz im Leben verloren hatte, suchte sie sich in der Deklamation ein neues Betätigungsfeld. An die Stelle des Senats, der Volksversammlung und des Gerichts trat das Theater. Beliebt waren die sogenannten *Controversiae*, in denen ein Rechtsstreit abgehandelt wurde. Der Redner agierte wie ein Schauspieler. Er ahmte die verschiedenen Personen, Kläger, Verteidiger, Zeugen, nach.

Der Wettkampf, der Agon, gilt als ein Charakteristikum der alten Griechen. Wie so vieles haben die Römer auch diese Vorliebe gern übernommen. Sie schätzten es, wenn Künstler gegeneinander antraten und am Schluss ein Sieger gekürt wurde. Wer einem Agon beiwohnte, wurde zu einem Teil des Geschehens, zu einem virtuellen Kritiker und Richter, der über Sieg und Niederlage entschied.

Da die Christen das Theater hauptsächlich in der Form der Mimen und Pantomimen kennenlernten, lehnten sie es ab. Der griechische Kirchenlehrer Johannes Chrysostomos (349/350–407 n.Chr.) schreibt:

*Wenn du ins Theater gehst und dort Platz nimmst und die nackten Glieder der Frauen gierig mit den Augen verschlingst, hast du kurzfristig ein Vergnügen, danach aber nährst du ein starkes Feuer. ... Sag mir, wie wirst du denn noch vernünftig denken können, wenn jene Handlungen, wenn das, was du siehst, und das, was du hörst, deine Seele beherrschen und du von solchen Dingen träumst?* (Homilie 5 auf den 1. Brief an die Thessalonicher, Kap. 4).

Seine Warnung verhallte ungehört, sie war aber gewiss nicht unbegründet. Bewegt doch auch uns das Problem, welche Wirkung von den grausamen realen und fiktiven Bildern ausgeht, die das Fernsehen oder das Smartphone übermitteln.

## Das Nymphäum

Das Nymphäum (6) liegt jenseits der Gregoriousstraße. Es ist etwas jünger als die Casa Romana, es stammt aus dem 3. Jh. n.Chr. Die Entdecker hielten es für eine aufwändige Einrichtung zur Wasserversorgung, tatsächlich handelt es sich um eine aufwändige öffentliche Toilette, eine Latrine (zu *lavatrina – Bad*).

Abb. 46: Das sog. Nymphäum, Blick in den Hof

Ein mit Mosaiken geschmückter Hof in der Mitte der Anlage war auf drei Seiten von Arkaden eingefasst. Die vierte Seite war durch eine Mauer geschlossen, in die Nischen eingefügt waren, vor denen Wasserbecken standen. Die Innenwände der Außenmauer waren bis in die Höhe von 1,80 m mit verschiedenfarbigem Marmor ausgekleidet. Um sie herum verlief eine Bank, die in regelmäßigen Abständen eine Vertiefung aufwies, auf die sich die Besucher/ Besucherinnen niederließen, *um ihre Geschäfte zu machen*, im wörtlichen und übertragenen Sinn. Männer und Frauen saßen nebeneinander, Trennwände gab es nicht. Die Kleidung bot genug Schutz vor neugierigen Blicken. Unter der Bank verlief ein Kanal, dessen Wasser die Exkremente fortspülte, vor der Bank waren Rillen eingetieft, in denen ebenfalls Wasser floss, in das man einen an einem Stab befestigten Schwamm tauchte; mit ihm säuberte man sich. Die Schwämme waren Teil des Inventars.

Die Häuser der vornehmen Herrschaften verfügten über je eigene Toiletten, wie wir sie in der Casa Romana gesehen haben.

Die Benutzung der Latrinen war zwar nicht kostenlos, aber auch nicht teuer.

Da der Kaiser Vespasian (69–79 n.Chr.) für seine teuren Bauprojekte, deren eines das Colosseum in Rom war, viel Geld brauchte, kam er auf die Idee, eine Steuer einzuführen. Urin war ein begehrter Stoff, den man zum Gerben von Leder und zur Wäschereinigung benötigte. Wurde er in Gefäßen gesammelt, durfte, wer wollte, ihn abholen, musste aber einen Geldbetrag zahlen. Sueton (ca. 70–ca. 130 n.Chr.) erzählt in seiner Biographie Vespasians folgende Anekdote:

> *Sein (Vespasians) Sohn Titus tadelte ihn, weil er eine Urinsteuer erheben ließ. Da hielt er ihm ein Geldstück aus der ersten Zahlung unter die Nase und fragte, ob er sich von dem Geruch beleidigt fühle. Als der es verneinte, sagte er: „Und doch stammt es von dem Urin."*
>
> (Kapitel 23).

Daraus hat sich im Laufe der Zeit die Kurzform *non olet – es stinkt nicht* entwickelt.

Öffentliche Toiletten in Paris heißen noch heute *Vespasiennes*.

Aber auch wir Deutschen bleiben in unserer Sprache dem lateinischen Ursprung verhaftet. Das *Klo(sette)* ist ein *abgeschlossener Raum* (zu *claudere – schließen*), und *locus* mit kurzem o heißt im Lateinischen nichts anderes als der *Ort*. Selbst, wer von Toilette spricht, entkommt den alten Römern nicht: *tela – das Gewebe* ist im Französischen zu *toile – Tuch* geworden und bezeichnete die Unterlage, auf die man das legte, was man zur Reinigung und Verschönerung benötigte.

Die Antike ist uns oft näher, als wir denken.

## Ausgrabungsfunde

Wenden wir uns vom Nymphäum zurück in die Richtung des Odeons, so stoßen wir jenseits des Cardo auf eine Reihe von Ausgrabungen.

## Das Mosaik mit der Darstellung des Parisurteils

Rechter Hand erblicken wir ein Mosaik, das das Parisurteil darstellt, dem Nymphäum gegenüber ein Gymnasion mit einer Säulenreihe (5), linker Hand Thermen (4), die an einem bogenförmigen Gewölbe erkennbar sind (Ostthermen), und oberhalb der Kreuzung von Cardo und Decumanus treffen wir auf das Haus der Europa (7) und die Westthermen.

Die Geschichte des Parisurteils hat die Römer offenbar fasziniert. Geht es doch um die Macht der Liebe, um einen Mann und eine Frau, die sich durch nichts daran hindern lassen, einander zu gehören. Er missachtet alle Regeln, die der Anstand einem Gast gegenüber dem Herrn, der ihn in seinem Haus beherbergt, abverlangt, sie missachtet alle Pflichten, die ihr als Ehefrau und Mutter auferlegt sind. Selbst den Trojanischen Krieg, in dem die Griechen und Trojaner gegeneinander kämpfen, nimmt die Liebe in Kauf.

Vor Paris steht der nackte Hermes. Wie Asklepios auf dem Mosaik im Atrium des Museums und auf dem Cover dieses Buches trägt er in der linken Hand den Heroldsstab. Er ist der Vermittler zwischen den Göttern und den Menschen. Er hat Paris, dem trojanischen Prinzen, der noch unerkannt als Hirte tätig war, eine Botschaft des Zeus zu überbringen. Er weist auf die drei Göttinnen zu seiner Rechten. Die Gestalt der Aphrodite ist zerstört, sie war wohl mit nacktem Oberkörper dargestellt. Hera, die Gattin des Zeus, trägt als Zeichen ihrer Würde ein Zepter; Athena, die mutterlose, aus dem Haupt des Zeus geborene männergleiche Göttin wird durch eine Rüstung charakterisiert. Sie ist wie Paris im Profil abgebildet, die beiden Figuren bilden einen Rahmen. Links unter dem Bild liest man *Póthos*, hier war vielleicht eine Gestalt abgebildet, die die *Lust, das Liebesverlangen*, verkörperte.

In dem benachbarten Odeon konnten die Koer die Darstellung dieses Mythos in einer Pantomime erleben, Apuleius (ca. 120–

ca. 180 n.Chr.) hat sie uns überliefert. Die Aufführung begann damit, dass die drei Göttinnen vor Paris posierten und mit den ihnen jeweils zur Verfügung stehenden Mitteln versuchten, den jungen Mann zu beeinflussen: Juno versprach die Herrschaft über ganz Asien, Minerva die große Ehre einer Königin und Venus schließlich

> *eine Frau von größter Schönheit und ihr ganz ähnlich. Da reichte der Phryger dem Mädchen willig den goldenen Apfel, den er in der Hand hielt, und stimmte so für den Sieg der Venus.* (10. Buch, Kap. 30–32).

Das Mosaik hat einst den repräsentativen Raum eines Hauses geschmückt. Das Bild, eine Momentaufnahme, ruft eine ganze Geschichte ins Gedächtnis, die jeder gebildete Römer kannte.

Die Bauherren arbeiteten mit Werkstätten von Mosaizisten zusammen. Aus Handbüchern wählten sie ein Thema aus. Welche Vorstellungen sie dabei leiteten, wissen wir nicht. Wer sich für Venus entschied, wird einen guten Grund dafür gehabt haben. Der lateinische Name, *musaicum opus*, bezeichnet das Mosaik als *ein von den Musen inspiriertes Kunstwerk* und stellt es so den Werken der Musik und Dichtung gleich.

Die Elite liebte es, ihre Bildung zur Schau zu stellen.

## Das Gymnasion

Weiter südlich weist uns zunächst eine Säulenreihe auf die Relikte eines Gymnasions/Xystós (5) hin – jenseits des Cardo sieht man das Nymphäum –, und dann auf ein bogenförmiges Gewölbe, das zu den Thermen (4) gehörte. Es handelte sich um zwei Anlagen, die zum Aufenthalt in der Freizeit einluden.

Das Gymnasion stammt aus der hellenistischen Epoche, dem 2. Jh. v.Chr.; es ist also ein griechisches *Gymnasion*, kein römisches *Gymnasium*. Ein Gymnasion war eine typisch griechische Einrichtung im Gegensatz zu den Thermen, in denen sich die Römer am liebsten aufhielten.

Sport spielte bei den Griechen eine große Rolle. Nicht nur bei den panhellenischen Spielen in Delphi, Olympia, Korinth und Nemea gab es Wettkämpfe, sondern überall dort, wo Gottheiten in

Festen geehrt wurden. Man strebte nach der *Kalokagathia*, der guten geistigen wie körperlichen Verfassung.

Abb. 47: Das Gymnasion (Xystos)

Gepflegt wurden nicht Mannschafts-, sondern Individualsportarten wie Laufen, Springen, Ringen, Boxen, Speer- und Diskuswurf. Es gab keine Messungen, keine Vergleiche von Leistungen über die Jahre hinweg, keine Rekorde. Hier und jetzt galt es zu siegen oder zu unterliegen. Der Sieg verhieß Ruhm nicht nur für den Kämpfer, sondern auch für die Stadt, für die er antrat. Am Ort des Triumphes musste sich der Sieger mit einem Kranz als Preis begnügen, in der Heimat erwarteten ihn Ruhm, Ehre und materieller Lohn. War der Sport ursprünglich Teil des Gottesdienstes, so hatte er sich im Lauf der Zeit aus dieser Verbindung gelöst, Gymnasien wurden auch fern von Kultstätten erbaut.

Der freie griechische Bürger, der seinen Lebensunterhalt nicht durch berufliche Arbeit verdienen musste, verbrachte seine Freizeit gern im Gymnasion. Die Freizeit, die Muße, bezeichneten die Griechen positiv als *scholé* im Gegensatz zur Nicht-Muße, der *a-scholía*.

Entsprechend sprachen die Römer von *otium* und *neg-otium*.

Das Gymnasion war mehr als eine Sportstätte. Hier unterrichteten Lehrer und Philosophen, diskutierten Ältere mit Jüngeren. Es umfasste Laufbahnen, deren eine oft überdacht war, eine Palaistra (zu *paláiein – ringen*) für Sportarten, die wenig Platz beanspruchten, Ringen und Boxen, Räume für die Körperpflege, zum Beispiel für das Einreiben mit Öl und für die Reinigung, und Bereiche für den Unterricht.

Das Gymnasion war eine *Schule*, wie das Gymnasium auch heute eine *Schule* ist. Als *schola* haben die Römer das griechische Wort *scholé* übernommen und im Mittelalter in der Bedeutung von *wissenschaftlicher Beschäftigung in der von den Gottesdiensten freien Zeit* an die Klöster weitervermittelt. In diesem Sinn ist *Schule* ein Ort, in dem sich junge Menschen frei von der Sorge um ihren Unterhalt geistig und körperlich betätigen, ein Privileg, dessen sich die, die es besitzen, dankbar bewusst sein sollten.

Als Xystos haben die Römer zuweilen das ganze Ensemble des Gymnasions, manchmal auch nur die gedeckte Laufbahn bezeichnet; das war die eigentliche Bedeutung des Wortes.

So viel die Römer auch von den Griechen übernommen haben, mit der Sitte, sich nackt im Gymnasion (zu *gymnós – nackt*) aufzuhalten und Sport zu treiben, konnten sie sich nicht anfreunden. So wird wohl auch das Gymnasion in der Zeit der Römer am ehesten von Griechen genutzt worden sein.

Immerhin haben die Römer ein Schwimmbecken hinzugefügt.

Die siebzehn aufrecht stehenden Säulen gehören zu einer Laufhalle, deren Dach auf der einen Seite ursprünglich einundachtzig Säulen trugen, während sie auf der anderen Seite durch eine Mauer geschlossen war.

## Die Thermen und die Basilika

Neben dem Gymnasion haben die Römer die Anlage errichtet, in der sie sich am liebsten aufzuhalten pflegten, die **Thermen** (4) (zu *thermós – warm*). Es war nicht die einzige ihrer Art in Kos. Thermen waren große überkuppelte Gebäude, die mehrere Baderäume umschlossen. Sie dienten weniger der sportlichen Betätigung als der Körperpflege und dem Vergnügen. Daran durften die Frauen ebenso teilhaben wie die Männer. Oft waren ihnen eigene Bereiche oder eigene Zeiten zugewiesen. Man trug Badekleidung. Alle Räume waren in ihrer Funktion festgelegt, in der Größe und Ausgestaltung gab es zahlreiche Möglichkeiten der Variation.

Im *Apodyterium* (zu *apodýesthai – sich entkleiden*) legte man seine Kleider ab. Zu ihrer Aufbewahrung dienten Schränke, die jedoch für Diebe kein Hindernis darstellten.

Das *Frigidarium*, der Kaltbaderaum (zu *frigidus – kalt*), war entweder mit einem Becken oder mit Wannen ausgestattet. Den Übergang zum *Caldarium*, dem Heißluftraum (zu *calidus – heiß*), bildete das *Tepidarium*, der Warmluftraum (zu *tepidus – lauwarm*). Im Caldarium herrschten eine Raumtemperatur von 50° und eine Luftfeuchtigkeit von annähernd 100 %. Dem in einer Wanne sitzenden Badegast wurde ca. 40° heißes Wasser über den Körper gegossen. Manchmal schloss sich noch ein *Sudatorium an*, ein Schwitzraum (zu *sudare – schwitzen*).

Ein ausgeklügeltes System sorgte für die Beheizung, die sog. *Hypokausten* (zu *kaúsis – Heizen*). Heiße Luft wurde unter den Fußboden oder/und in die Hohlziegel der Wandbekleidung geleitet, sodass die Räume von einer warmen Hülle umgeben waren. Man kann sich leicht vorstellen, wie viel Holz ein solches Bad verschlang! Da wurden ganze Wälder abgeholzt. Klimaschutz war noch kein Thema.

In einer Therme konnte man sich gut und gerne einen ganzen Tag lang aufhalten, ohne sich zu langweilen. Man konnte die Räume mehrfach von einem Ende zum anderen durchlaufen, konnte sich massieren, salben lassen, Gymnastik treiben, Ball spielen, sich unterhalten, sich ausruhen. Es gab Bibliotheken, Läden, Gaststätten. Ärzte boten ihre Hilfe an. Der stoische Philosoph Seneca (1–65 n.Chr.), der zeitweise über einem Bad wohnte, beklagte sich bitter über den Lärm, der ihn von allen Seiten umdröhnte: Da stöhnen trainierende Männer vor Anstrengung, klatschen Masseure auf nackte Schultern, der eine singt, der andere springt klatschend ins Wasser, Haarausrupfer preisen ihr Gewerbe an, Bäcker und Köche werben für ihre Waren. (Ep. mor., 56,1/2).

Epiktet (ca. 50 – ca. 120 n.Chr.), auch er ein bekannter Stoiker wie Seneca, warnt:

> *Wenn du vorhast, in ein Bad zu gehen, dann denke an die, die sich bereits darin aufhalten. Sie bespritzen dich*

*mit Wasser, stoßen dich ins Becken, schimpfen über dich und bestehlen dich.* (Encheiridion 4).

Die Römer haben sich das Vergnügen nicht nehmen lassen. In einem Grabepigramm ermuntert sie der Tote:

*Bäder und Wein und die Liebe richten den Körper zugrunde.*
*Liebe, Bäder und Wein geben dem Leben Sinn.*
(CIL VI 15258).

Dass die Thermen auch mit der Medizin in Verbindung gebracht wurden, verwundert nicht, zumal man sich auf Kos befindet.

Galen aus Pergamon war ein berühmter römischer Arzt (129–216 n.Chr.), der die Lehren des Hippokrates übernahm und weiterentwickelte. Er riet dem Thermenbesucher, seinen Gang mit dem Tepidarium zu beginnen, weil dort der Körper gleichmäßig erwärmt, die Haut aufgelockert und von Fremdstoffen befreit werde. Im Caldarium dringe Feuchtigkeit in den Körper ein, und das Frigidarium diene dazu, den Körper abzukühlen, die Poren zu schließen und die Kräfte zu stärken.

Wie beim Sport im Gymnasion spielte auch in den Thermen das Öl eine große Rolle. Es wurde empfohlen, es nach dem Bad reichlich zu benutzen, um die Haut gegenüber der Witterung widerstandsfähig zu machen.

Ob die Ratschläge auch heute noch beherzigenswert sind, mögen die Mediziner entscheiden.

Wie sauber wird das Wasser wohl gewesen sein? Wir wissen nicht, wie oft es gewechselt wurde. Manch einer wird wohl den fröhlichen Badespaß mit einer Krankheit teuer bezahlt haben.

Der im Ausgrabungsgelände erkennbare Bogen überwölbte einen der Säle, vielleicht das Caldarium. Hypokaustenpfeiler sind sichtbar, ein Mosaik ist gut erhalten.

Die Türken haben mit ihrem Hamam die Tradition der Thermen fortgeführt. (cf. S. 76ff.).

So wenig wie mit dem Theater hatten die Christen mit den Thermen im Sinn, zumal mit denen, in denen beide Geschlechter gemeinsam badeten. So haben sie den einen großen Teil der Anlage mit einer **Basilika** überbaut, deren Eingang wieder aufgerichtet worden ist. Im Innern sind noch die Stufen sichtbar, auf denen die Throne des Bischofs und des Priesters standen. Vor dem Gebäude steht ein Taufbecken in der Form eines Kreuzes.

## Das Haus der Europa und das Mosaik mit der Darstellung des Raubes der Europa

Westlich der Thermen und des Cardo, nördlich des Decumanus sind zwei sehr schöne Mosaiken aufgedeckt worden.

Ein Dach neben zwei Säulen schützt eines, das den Raub der Europa darstellt. Es hat einst einen repräsentativen Raum eines Hauses, des sog. Hauses der Europa (7), geschmückt, das nach dem Erdbeben des Jahres 142 n.Chr. auf den Ruinen eines älteren Gebäudes errichtet worden ist und das dem Mosaik seinen Namen verdankt. (cf. S. 48). Das Kunstwerk ist 3 × 3,2 m groß und zeigt, wie sich die nackte Europa mit der linken Hand an dem Hals des in einen Stier verwandelten Zeus klammert. Das Tier galoppiert nach links und blickt zu Europa zurück, Europas Kopf ist ins Profil gedreht. Der Gott schwimmt neben einem Delphin und hinter dem Liebesgott Eros, der eine Fackel hält.

Abb. 48: Mosaik: Entführung (Raub) der Europa

Der große Raum wird von zwei kleineren Räumen und drei Sälen flankiert, die ebenfalls mit Mosaiken geschmückt sind, auf denen Personen, Vögel und Weinreben dargestellt sind.

In der Toilette ist noch das System zu sehen, mit dem das verschmutzte Wasser hinausgeleitet wurde.

Darüber, warum sich der Bauherr für das Thema des Raubes der Europa entschieden hat, können wir nur spekulieren. Hat es ihn gereizt, weil es um die Liebe geht oder weil ein schwimmender Stier etwas Außergewöhnliches ist? Hat er durch die Erhebung des Mädchens zur Gottesbraut für sich selbst die Hoffnung auf ein glückliches Leben im Jenseits geschöpft? Der Mythos war schon dem Iliasdichter Homer (um 700 v.Chr.) bekannt, er ist aber erst von Moschos, einem aus Syrakus stammenden griechischen Dichter, der im 2. Jh. v.Chr. gelebt hat, in einem hexametrischen Gedicht ausführlich dargestellt worden. Die folgenden Ausschnitte mögen einen Eindruck vermitteln.

Europa, die Tochter des Phönikerkönigs, traf sich mit Freundinnen am Ufer des Meeres und pflückte Blumen:

*Sie ragte hervor, wie*
*Aphrodite hervorragt unter den Chariten.*
*Lange sollte sie sich nicht an den Blumen erfreuen*
*und den Gürtel der Jungfrau unbefleckt bewahren.*
*Kaum nämlich hatte der Kronide sie gesehen,*
*war er erregt in seinem Herzen. Unversehens*
*hatten ihn die Geschosse der Kypris getroffen. Kypris*
*ist als einzige in der Lage, selbst Zeus zu besiegen.*
*Um nicht den Zorn der eifersüchtigen Hera zu reizen*
*und zugleich den zarten Sinn des Mädchens zu täuschen,*
*änderte Zeus die Gestalt, verbarg den Gott und ist ein*
*Stier geworden. ...*
*Vor den Füßen der edlen Europa blieb er stehen,*
*leckte ihren Hals, betörte das junge Mädchen.*
*Sie betastete ihn ringsum und wischte ihm sanft mit*
*ihren Händen den vielen Schaum vom Maul und gab dem*
*Stier einen Kuss. Der muhte freundlich. Man hätte meinen*
*können, den lieblichen Ton der Mygdonischen Flöte zu hören.*
*Vor ihren Füßen kniete er nieder, blickte sie an, er*
*wandte den Nacken ihr zu und wies auf seinen breiten*
*Rücken. Da sprach sie zu den schöngelockten Mädchen:*
*„Hierher, Mädchen, ihr lieben Altersgenossinnen, dass wir*
*uns auf diesen Stierrücken setzen und Spaß haben. Denn er*
*hat seinen Rücken niedergebeugt, damit er uns alle*
*aufnimmt. Schaut ihn doch an, wie rechtschaffen, sanft*
*und zahm er*

ist; er ist ganz anders als die anderen Stiere,
wie ein Mensch verständig, nur die Sprache fehlt ihm."
Sprach es und setzte sich lächelnd auf den Rücken des Stieres.
Als die anderen es ihr nachmachen wollten, sprang er
auf, das Mädchen, das er begehrte, war nun seine
Beute. Er eilte in schnellem Lauf zum Meer. Europa
wandte sich um und streckte die Hände aus und rief die
Freundinnen, aber vergeblich, sie konnten sie nicht mehr
erreichen. ...
Als sie weit von ihrem Vaterland entfernt war
und sich weder eine vom Meer umbrauste Küste
zeigte noch ein hohes Gebirge, über ihr nur
Luft und unter ihr das unendliche Meer, da ließ sie
ihre Blicke ringsum schweifen und brach das Schweigen.
„Stiergott, wohin entführst du mich? Wer bist du?
Wie kannst du
auf für Rinder schwierigen Wegen gehen und das
Meer nicht fürchten? Für schnelle Schiffe ist es befahrbar,
Stiere schrecken gewöhnlich zurück vor den salzigen Pfaden.
Welchen süßen Trank, welche Speise kann dir die Salzflut
bieten? Bist du ein Gott? Was du tust, tun nur die Götter.
Die Delphine leben im Meer, sie laufen nicht auf dem
Land und Stiere nicht auf dem Wasser, furchtlos eilst du
durch das Land wie das Meer, die Hufe dienen als Ruder.
Ob du dich wohl auch in den hellen Äther erheben
wirst, um dort zu fliegen wie die schnellen Vögel?"
Da gab der schöngehörnte Stier folgende Antwort:
„Mädchen, sei mutig und fürchte nicht die Meereswoge.
Ich bin Zeus, auch wenn ich ein Stier zu sein scheine.
Wie ich
will, so kann ich mich zeigen. Mich haben die Liebe und die
Sehnsucht nach dir dazu getrieben, als Stier die große
Meeresfläche zu durchmessen. Kreta wird dich
nun empfangen, die Insel, auf der ich aufgezogen
wurde. Dort wird deine Hochzeit gefeiert. Berühmte
Söhne wirst du mir schenken, Herrscher über die Menschen."
Was er versprach, ist alles in Erfüllung gegangen.
Da wurde Kreta sichtbar, Zeus wurde wieder ein Gott, er
löste ihren Gürtel, die Horen besorgten das Lager.

*Sie aber, eben noch ein Mädchen, wurde sogleich die*
*Braut des Zeus, gebar ihm Kinder und wurde Mutter.*

Die Geschichte, die Moschos erzählt, handelt nicht von einer ungebändigten Gier des Kroniden und einer Vergewaltigung seines Opfers, sondern von der Liebe eines Gottes zu einem jungen sterblichen Mädchen: Der Ritt über das Meer gleicht einem Hochzeitszug. Am Schluss geht es ganz menschlich zu: Zeus wird ein Mann, Europa seine Braut und die Mutter seiner Söhne. Zeus hat nicht wie so oft nur ein Abenteuer gesucht, sondern wollte eine dauerhafte Beziehung eingehen.

Ob der Name *Europa* von dem semitischen *ereb – Abend* abgeleitet ist oder griechische Wurzeln hat und als *weithin Schallende* (zu *eurýs – weithin* und *ops – die Stimme*) oder *weithin Blickende* (*zu opopé – die Sehkraft*) gedeutet werden muss, ist umstritten.

Obwohl *Europa* in der Antike auch als geographischer Begriff bekannt war (Herodot, 1, 4), blieben sich die beiden *Europas* fremd, bis sich im 17. Jahrhundert eine Symbiose vollzog und die Phönizierin auf dem Stier zum Symbol eines Europas wurde, das von der antiken griechisch-römischen Kultur und der jüdisch-christlichen Religion geprägt ist.

## Das Gladiatorenmosaik

Wir beschließen unseren Rundgang mit einem Blick auf das Gladiatorenmosaik (zu *gladius – Schwert*), das nur ein paar Schritte weit entfernt ist. Es ist nach dem Erdbeben 142 n.Chr. entstanden. (cf. S. 48). Es zeigt unter anderem zwei Gruppen von je zwei Gladiatoren. In der ersten Gruppe sind die beiden Kämpfer mit langen Schilden und Schwertern bewaffnet. Die Gesichter sind geschützt, die Beine bandagiert. Der eine von ihnen, Aigialos, ist an der Hand verletzt, sie blutet. Der Mann neben dem Paar ist der Schiedsrichter, der den Kampf beobachtet. Er ist mit einer langen Tunika bekleidet.

Mit seinem Stab weist er auf die zweite Gruppe. Der eine Gladiator, Zephyros, ist ein *Retiarius, ein Netzkämpfer* (zu *rete – Netz*). Er ist leicht bekleidet, hält in der einen Hand einen Stab, in der anderen einen Dolch. Sein Gegner, Hyllas, ist ein *Secutor*, ein *Ver-*

*folger* (zu *sequi – verfolgen*). Er ist schwer bewaffnet und hat sein Schwert auf seinen Gegner gerichtet.

Auf die Frage, wer jeweils siegen wird, gibt das Bild keine Auskunft.

Gladiatorenspiele gab es in Rom seit dem 3. Jh. v.Chr. Sie haben ihren Ursprung in dem Brauch, Verstorbene durch Wettkämpfe zu ehren. Es ist ein alter Ritus. So organisiert Achill, wie Homer in der Ilias berichtet, nach dem Tod seines Freundes Patroklos Wettkämpfe, unter anderem einen Kampf zwischen den Helden Aias und Diomedes. (23, VV. 797–825). Allmählich löste sich die Sitte aus dem Zusammenhang mit dem Totenkult. Reiche Amtsträger und Kandidaten, die sich um ein Amt bewarben, veranstalteten Spiele, um sich der Gunst des Volkes zu versichern. In den Provinzen, also auch auf Kos, waren in der Regel die Statthalter und Priester des Kaiserkultes die Veranstalter. Der Herr des Hauses, der sich dieses Mosaik gestalten ließ, gehörte vielleicht zu dieser Gruppe, vielleicht war er aber auch nur ein begeisterter Zuschauer.

Die Gladiatoren waren meistens Kriegsgefangene und Straftäter, *die zum Spiel verurteilt worden waren* (*damnati ad ludum*), doch auch arme Bürger verdingten sich für Geld.

Gladiatoren hatten kein Bürgerrecht, wurden aber, wenn sie erfolgreich waren, wie Stars gefeiert. Auch auf die Intellektuellen übten sie eine Faszination aus. Cicero findet für ihren Todesmut anerkennende Worte und sieht in ihnen Vorbilder für die Jugend seiner Zeit:

> *Wenn schon diese einfachen Männer durch das körperliche Training, die geistige Einstellung und die Gewöhnung so viel vertragen, wird dann ein Mann, der von Geburt an zu einem ruhmvollen Leben bestimmt ist, auch nur in einem Winkel seiner Seele so verweichlicht sein, dass er sie nicht durch geistiges Training und Vernunft stärken kann?* (Gespräche in Tusculum, 2,41).

Die Gladiatoren wurden in speziellen Schulen ausgebildet. Die Eigentümer, Privatleute, vermieteten sie und bezahlten sie auch. Sie mussten hart trainieren und eine strenge Diät einhalten. Sie wurden gut behandelt. Stellten sie doch für den Besitzer ein wertvolles Kapital dar.

Es gab keine Massenkämpfe. Stets traten Einzelkämpfer gegeneinander an. Sie waren, wie wir gesehen haben, unterschiedlich bewaffnet. Es gab zwar ein Unentschieden, wenn der Schiedsrichter den Kampf abbrach, in der Regel wurde jedoch eine Entscheidung gefällt. Der Verlierer kniete vor dem Sieger nieder und bot seinen Hals für den Streich mit dem Schwert. Über sein Schicksal bestimmte der Veranstalter mit einer Bewegung des Daumens. (Juvenal – ca. 60 – ca. 135 n.Chr. –, 3, VV. 34–37).

Ort des Geschehens war das Amphitheater, ausnahmsweise auch das Theater. Sicher gab es in Kos ein Amphitheater, auch wenn man bisher keine Spur gefunden hat.

Dass die Gladiatoren den Veranstalter, wenn sie in die Arena einzogen, als die *Todgeweihten*, *morituri*, begrüßt haben, stimmt nicht. Eine Episode, die von Kaiser Claudius berichtet wird, ist verallgemeinert worden. (Sueton, 21,6). Die Männer hatten durchaus Überlebenschancen, selbst als Verlierer.

Tapfere Kämpfer wurden ehrenvoll begraben, Versager möglichst unauffällig beseitigt.

Selbst zur Zeit des heiligen Augustinus (354–430 n.Chr.) hatten die Kämpfe nichts von ihrer Anziehungskraft eingebüßt. Der Kirchenlehrer erzählt, dass sich sein Schüler Alypius einmal widerwillig von Freunden in ein Amphitheater habe mitnehmen lassen. Mit geschlossenen Augen habe er das Geschehen über sich ergehen lassen. Als er aber plötzlich einen Schrei hörte, seine Augen öffnete und Blut sah, sei es um ihn geschehen gewesen. Von da an habe er sich nicht mehr abwenden können.

> *(Er) fand Gefallen an dem verbrecherischen Kampf und wurde trunken nach Blut. Er war nicht mehr der, als der er gekommen war, sondern etwas aus der Masse, in die er geraten war, und ein echter Genosse von denen, die ihn mitgenommen hatten. Was soll ich sagen? Er schaute, schrie, geriet außer sich und nahm einen Wahnsinn mit sich nach Hause, der ihn antrieb, nicht nur mit denen zurückzukehren, von denen er zuvor dorthin geschleppt worden war, sondern ihnen vorauszueilen und dabei andere mit sich zu ziehen.* (Conf., 6,8 (13)).

Augustin hat wie schon der Kirchenlehrer Tertullian vor ihm (ca. 160 – ca. 220 n.Chr.) jede Art von Schauspielen, in denen Blut vergossen wurde, kategorisch abgelehnt, nicht zuletzt, weil auch Christen, die sich zu ihrem Glauben bekannten und sich weigerten, dem Kaiser wie einem Gott Opfer darzubringen, *zum Spiel verdammt*, also dazu verurteilt wurden, als Gladiatoren ihr Leben aufs Spiel zu setzen.

Wir, die wir im Zeitalter der Medien leben, werden mit Bildern überflutet, die blutende Menschen zeigen, sei es in der Realität der Kriege oder der Fiktionalität der Krimis. Berühren sie uns noch oder sind wir längst schon abgestumpft?

Vielleicht sollten wir dem Besucher empfehlen, sich erst dem Gladiatorenmosaik zuzuwenden und sich dann mit dem Europabild zu beschäftigen, damit er die Ausgrabungsstätte eher mit der Erinnerung an die Liebe als an den Kampf verlässt.

Abb. 49: Peitschenkämpfer, Villa Nenning, 1. Jh. n.Chr.

# 4 Asklepios und das Asklepieion

## 4.1 Asklepios

Das Asklepieion ist das Heiligtum des Asklepios, des Gottes der Heilkunst. Schon Homer nennt ihn, aber nicht als Gott, sondern als *untadeligen Arzt*. (Il., 11, V. 518). 200 Jahre später kennt man ihn als Sohn eines Gottes, des Apollon, und einer Sterblichen, die Koronis heißt. Er ist ein Heros. Zum Gott fehlt ihm noch ein wesentliches Merkmal, die Unsterblichkeit.

Abb. 50: Statue des Asklepios, römische Kopie (ca. 160 v.Chr.), nach einem griechischen Original (4. Jh. v.Chr.) aus Epidauros, Archäologisches Museum, Athen

Apollon, der Vater, wurde als Heilgott verehrt, in dieser Eigenschaft aber im Laufe der Zeit wie viele andere Heilgötter und Heilheroen von Asklepios in den Hintergrund gedrängt; Paian/Paion traf dieses Schicksal.

Wie von allen Göttern und Heroen gibt es auch von Asklepios einen Mythos. Der griechische Dichter Pindar (520/518–nach 446 v.Chr.), der Lieder zu Ehren der Sieger in den panhellenischen Spielen und zum Ruhm der Orte, für die sie angetreten sind, geschrieben hat, erzählt ihn. Er handelt von der Geburt und dem Tod. Pindar nennt Asklepios einen *freundlichen Stifter der die Glieder stärkenden Schmerzlosigkeit, einen Helden, der mannigfache Krankheiten abwehrt*:

> *Bevor ihn die Tochter des rossereichen Phlegyas*
> *mit der Hilfe der mütterbeschützenden Eileithyia geboren hatte,*
> *wurde sie von den goldenen Pfeilen der Artemis getroffen.*
> *Sie trat auf Veranlassung Apollons in ihrem Gemach*
> *den Weg in den Hades an.*
> *Der Zorn der Kinder des Zeus*
> *ist niemals wirkungslos. Koronis hatte den Gott*
> *in ihrem frevelhaften Sinn missachtet*
> *und sich mit einem anderen eingelassen – heimlich vor dem Vater,*
> *obwohl sie sich vorher mit Apollon, dem Gott mit den schönen, langen Haaren,*
> *in Liebe verbunden hatte und seinen Samen in sich trug.*
> *Sie hatte nicht auf das Brautmahl gewartet*
> *und nicht auf den Schall der lauttönenden Hochzeitslieder,*
> *die die gleichaltrigen Mädchen in abendlichem Gesang*
> *schmeichelnd zu singen pflegen. Sie hatte stattdessen*
> *begehrt, was sie nicht hatte. So ergeht es vielen.*
> *Es gibt unter den Menschen leichtfertige Wesen, die das,*
> *was nahe ist, verschmähen, dem, was fern ist,*
> *mit vergeblichen, unerfüllbaren Hoffnungen nachjagen.*
> *Das Begehren riss die schöngekleidete Koronis*
> *zu dieser großen Verirrung hin.*
> *Sie vereinigte sich in Liebe mit dem Fremden,*
> *der aus Arkadien kam.*
> *Dem Gott, der alles sieht, blieb es nicht verborgen.*
> *Im opferreichen Python hielt sich Loxias,*

*der Herr des Tempels, gerade auf, als er es wahrnahm.*
*Mit seinem zuverlässigsten Teilhaber, seinem alles*
*wissenden Geist,*
*fasste er einen Entschluss.*
*Er hält sich stets fern von Lügen. Weder auf das, was er tut,*
*noch auf das, was er denkt, kann ein Sterblicher oder ein Gott,*
*ihn täuschend, Einfluss nehmen.*
*Als er die Liebesbeziehung der Koronis mit Ischys, dem*
*Sohn des Eilatos,*
*und den frevlerischen Betrug erkannte,*
*sandte er seine Schwester, die rasend war in ihrem*
*ungeheuren Zorn,*
*nach Lakeira, da das Mädchen dort*
*an den Hängen des Boibassees wohnte. Ein verderblicher*
*Daimon*
*hatte sie zum Schlimmen verführt und vernichtet und mit ihr*
*viele Nachbarn, die sich mit ihr gefreut hatten.*
*Viel üppigen Wald vernichtete das Feuer,*
*das von einem Funken auf dem Berg seinen Ausgang nahm.*
*Als die Verwandten das Mädchen auf einen hölzernen*
*Hügel legten*
*und der Glanz des Hephaistos sie heftig rings umloderte,*
*sagte Apollon: „Ich werde es in meinem Herzen*
*nicht ertragen, dass mein Sohn den jammervollsten*
*Tod zusammen mit dem Leid der Mutter stirbt."*
*So sprach er, und mit dem ersten Schritt entriss er*
*das Kind der Toten. Die brennenden Flammen hatten*
*sich vor ihm geteilt.*
*Er trug es nach Magnesia und gab es dem Kentauren,*
*es zu lehren, die leidvollen Krankheiten der Menschen*
*zu heilen.*
*Alle, die unter angeborenen Übeln litten oder von*
*dem grauen Erz an den Gliedern verwundet waren oder*
*von einem von fern geschleuderten Stein*
*oder deren Leib von der sommerlichen Hitze zugrunde*
*gerichtet war*
*oder von der winterlichen Kälte, erlöste er – jeden von*
*seinem Schmerz –*

*und entließ sie. Die einen behandelte er mit*
*besänftigenden Sprüchen,*
*andere ließ er Linderndes trinken oder legte ihnen*
*überall auf die Glieder Heilmittel*
*und richtete sie durch Schneiden wieder auf.*
*Aber auch die Weisheit unterliegt der Gewinnsucht.*
*Gold, das als herrlicher Lohn in seinen Händen erschien,*
*brachte auch ihn dazu, einen Mann, der sehr krank war,*
*dem Tod zu entreißen. Mit seinen Händen warf Kronion*
*einen Blitz und traf beider Brust, des Arztes und des*
*Kranken,*
*und nahm ihnen augenblicklich den Atem.*
*Mit dem brennenden Blitz traf sie das Todeslos.*
*Man muss das Gebührende von den Göttern erbitten*
*und erkennen, was das Nächstliegende ist: von welcher*
*Art wir sind.*
*Nie, mein liebes Herz, suche ein ewiges Leben.*
*Was machbar und möglich ist, schöpfe aus.*
*Wenn der besonnene Chiron noch die Grotte bewohnte*
*und meine süßtönenden Gesänge*
*Wohlwollen in seinem Herzen erzeugen könnten,*
*würde ich zu erreichen suchen,*
*dass er auch den edlen Männern, die jetzt leben,*
*einen Arzt zur Heilung der fiebrigen Krankheiten sendet,*
*einen, der Sohn der Leto heißt oder Sohn des Zeus.*
(3. Ol., VV. 9–77).

Mythen wollten nicht nur unterhalten, sie wollten auch eine Botschaft vermitteln. Sie wurden für wahr gehalten, obwohl sie nicht wie die Fakten der Geschichte verbürgt und bezeugt waren. Sie argumentierten nicht, sie bewiesen nicht. Sie redeten vom Einst, meinten aber das Jetzt. Sie waren zeitlos und gültig.

Der Mythos des Asklepios lehrt, wozu es führt, wenn man *vergeblichen, unerfüllbaren Hoffnungen* nachjagt, wie es Koronis getan hat, wenn man sich von Gewinnsucht leiten lässt wie Asklepios, wenn man sich nicht mit der Sterblichkeit abfindet, die mit unserem Menschsein schicksalhaft verbunden ist.:

*Nie, mein Herz, suche ein ewiges Leben.*
*Was machbar und möglich ist, schöpfe aus.*

Das war der größte Frevel: in die Sphäre der Götter einzudringen, die sich gerade durch ihre Unsterblichkeit von den Menschen unterschieden. Zeus selbst vollzog die Strafe.

Tod bedeutete in der Antike etwas Endgültiges. Wer einmal das Totenreich betreten hatte, kehrte nicht mehr zurück; Orpheus hat es schmerzhaft erfahren müssen, als er vergeblich versuchte, seine Frau Eurydike aus dem Hades in die Welt der Lebenden zurückzuholen.

Abb. 51: Marmorstatue des Asklepios, römisch,
Ny Carlsberg Glyptotek, Kopenhagen

Und Asklepios? Der Mythos weiß nichts von seiner Auferstehung. Der Glaube und die Hoffnung der Menschen, dass Leiden gelindert, ja geheilt werden können, erweckten den Arzt wieder zum Leben, mehr noch: Sie erhoben ihn zum Gott. Asklepios wurde zur Inkarnation dieser frommen Hoffnung. Als *sotér – Retter, Heiland* wurde er verehrt, ein Titel, den auch die römischen Kaiser für sich beanspruchten und den die Christen Jesus verliehen. Die Kaiser förderten den Asklepioskult: Tiberius (14–37) bestätigte dem Heiligtum auf Kos das Asylrecht, Claudius (41–54) gewährte der Insel Abgabenfreiheit (cf. S. 45ff.), von Vespasian (69–79) und Hadrian (117–138) sind wunderbare Heilungen überliefert. Der antike Heilgott war eine ernstzunehmende Konkurrenz für das Christentum.

Indem der Ruhm des begnadeten Arztes aus Thessalien in den Süden, in die Peloponnes nach Epidauros, wanderte und sich dort wundersame Heilungen ereigneten, geriet sein Tod in Vergessenheit. Seit dem Ende des 6. Jahrhunderts entwickelte sich Epidauros zu einem bedeutenden Kultort, weitere Gründungen folgten:

- Im 5. Jahrhundert kamen Ärzte in Kos zu hohem Ansehen.
- In Athen, das dem Gott 420 einen Kult errichtete, diente ihm der berühmte Tragödiendichter Sophokles als Priester.
- Am Anfang des 4. Jahrhunderts erschien er in Pergamon. In dieser kleinasiatischen Stadt wurde er sogar zu Zeus-Asklepios erhöht.
- 293 holte man ihn in Gestalt einer Schlange nach Rom und nannte ihn dort *Aesculapius*.

Er wurde in der Regel mit den Attributen einer Schlange, einer Schale für heilende Getränke und einem Wanderstab ausgestattet. Oft ringelte sich die Schlange um den Stab. In dieser Form sind Stab und Schlange noch heute ein Symbol für Ärzte und Pharmazeuten. Welche Bedeutung der Schlange zukam, weiß man nicht. Es ist denkbar, dass sie als eine Erscheinungsform des Gottes galt. Vielleicht verdankte sie ihre Beziehung zu ihm ihrer Fähigkeit, sich durch Häutung zu verjüngen.

Als Hippokrates auf Kos eine auf die Empirie gestützte Medizin entwickelte, wurden dort die religiöse und die wissenschaftliche Heilkunst nebeneinander betrieben, ohne dass sie sich gegenseitig Konkurrenz machten.

Ihre größte Verbreitung erfuhren die Stätten des Asklepioskultes, als die griechischen Stadtstaaten in den Reichen erst Alexanders des Großen, dann der Diadochen und schließlich der Römer aufgegangen waren. Der Mensch war nicht mehr nur Bürger, sondern Individuum in einer für ihn undurchschaubaren Welt. Er fand seinen Halt nicht mehr nur in den Gemeinschaftsfesten zu Ehren der

Stadtgötter, sondern suchte und fand ihn zunehmend in einer Gottheit, zu der er mit all seinen Schmerzen und Leiden pilgern, von dem er Hilfe erbitten und erlangen konnte. Gewiss, der Gott war nicht allgegenwärtig wie der Gott der Juden und Christen, aber er war in seinen Asklepieien jederzeit ansprechbar, für alle, Frauen wie Männer, Sklaven wie Freie.

Er war kein Schutzgott einer Stadt, wie es Athena für Athen war, er entfaltete seine Tätigkeit in der gesamten Ökumene, er hatte keine andere Funktion als die des Arztes. Im Verhältnis zu ihm kam es nicht wie sonst auf die Teilnahme an Opfern und Festen an, sondern auf den Glauben an ihn und auf das Vertrauen in seine Therapieanweisungen. Jede(r) Kranke konnte sich ganz persönlich an ihn wenden und Hilfe erbitten. Hier bahnte sich etwas an, das für die jüdische Religion konstitutiv war und dann auch das Christentum prägen sollte. In einem solchen Gott mussten die frühen Christen einen ernst zu nehmender Rivalen ihres Heilands sehen.

Nachrichten von Heilungserfolgen nährten die Hoffnung der Leidenden. Und es ging nicht nur um den Körper, sondern auch um die Seele. Ein Gymnasion und ein Theater oder Odeon ergänzten die Tempel und Inkubationssäle.

In dem Dialog *Phaidon* überliefert Platon (427–347 v.Chr.), wie sein verehrter Lehrer Sokrates den Tag, an dem er sterben sollte (399), im Gefängnis in Athen verbracht hat. Er hat mit seinen Freunden und Schülern so lange über die Unsterblichkeit der Seele philosophiert, bis der Gerichtsdiener ihn aufforderte, den Schierlingsbecher zu trinken. Als das Gift wirkte, lähmte es allmählich seinen Körper.

> *Schon war sein Unterleib ganz kalt, da schlug er die Hülle zurück – er hatte sich nämlich verhüllt – und sprach die letzten Worte: „Mein Kriton, wir sind dem Asklepios einen Hahn schuldig. Spendet ihn und versäumt es nicht.“*
> (118 a).

Hat der Gott der Heilkunst den Philosophen von der Krankheit des Lebens geheilt? Oder hat er vielmehr ihn und alle, die mit ihm zusammen waren und die er mit dem *wir* in seine Bitte einbezog, durch das Gespräch zu der Einsicht geleitet, dass die Seele unsterblich ist, und hat er sie so von der Furcht vor dem Tod befreit? So verstanden, könnte er zum Tröster für die werden, denen seine

Therapie nicht half. Wies er nicht auch damit auf Christus und die Verheißung des ewigen Lebens voraus? Nein, denn Sokrates hat nicht von der Seele gesprochen, die jeden Menschen zu einem unverwechselbaren Individuum macht.

Die Berichte über Christi wunderbare Heilungen und Erweckungen waren gewiss auch eine Reaktion auf die antiken Schilderungen, die davon handelten, wie Menschen auf unerklärliche, übernatürliche Weise gesund wurden. Schon früh wurde Jesus als Arzt, *medicus*, bezeichnet: *Einen Arzt gibt es, Jesus Christus, unseren Herrn.* (Ignatius von Antiochia, gestorben 117 n.Chr., vgl. auch Augustin, Serm. 247). Dabei überbot Jesus den antiken Arzt in vielerlei Hinsicht, insbesondere darin, dass er im Gegensatz zu Asklepios Tote zum Leben erwecken konnte und durfte.

## 4.2 Das Asklepieion

### Entdeckung

Mehr als die Tatsache, dass es ein Heiligtum des Asklepios gab, wusste man bis zum Anfang des 20. Jahrhunderts nicht. (cf. S. 51). Ein Gedicht des griechischen hellenistischen Dichters Herondas (3. Jh. v.Chr.) handelt von ihm (cf. S. 128ff.), der römische Geograph Strabon und der griechische Reiseschriftsteller Pausanias erwähnen es (z.B. Paus. 3,29). Strabon schreibt über die Hauptstadt Kos:

> *In der Vorstadt steht der sehr berühmte und mit einer Menge von Weihgeschenken angefüllte Tempel des Äskulap. ... Man sagt auch, dass Hippokrates besonders aus den dort niedergelegten Heilungsgeschichten seine Studien über die Behandlung von Krankheiten gemacht habe.*
>
> (657, Übers.: A. Forbig).

Der aus Kos stammende Geschichtsforscher Iacovos Zaraftis beschäftigte sich intensiv mit der Frage, wo sich das berühmte Heiligtum befunden haben könnte, und er war sich schließlich sicher, zu wissen, wo man suchen müsse. Als der deutsche Archäologe und

Epigraphologe Rudolf Herzog (1871–1953) auf die Insel kam, um mit Genehmigung der türkischen Obrigkeit Grabungen durchzuführen, konnte ihn Zaraftis davon überzeugen, den Spaten dort anzusetzen, wo er das Heiligtum vermutete. Herzog war, als er begann, misstrauisch und verlangte, dass der Koer sich verpflichte, im Fall eines Misserfolges die Hälfte der anfallenden Kosten zu übernehmen. Im Oktober 1902 wurde man fündig. Zwei Jahre setzte man die Grabungen mit Erfolg fort. Die Funde wurden teils nach Berlin, teils nach Konstantinopel verbracht.

Zaraftis wurde später von den Italienern zum Direktor des Archäologischen Museums ernannt. Er hat ein Buch mit dem Titel *Koia* verfasst. 1933 ist er bei dem schweren Erdbeben ums Leben gekommen.

Die Italiener haben 1933 die Grabungen fortgesetzt und das Heiligtum nach bestem Wissen und Gewissen wieder aufgebaut.

## Geschichte

Seit dem 4. Jh. v.Chr. gab es in einem Zypressenhain einen Tempel des Apollon, der den Beinamen *Kyparissios* führte. Er wurde als Heilgott verehrt.

Als 366 v.Chr. die neue Hauptstadt gegründet wurde (cf. S. 28), profitierte auch das Heiligtum davon. Es wurde ausgebaut, Asklepios erhielt einen Altar. Im 3. Jahrhundert wurde ihm ein Tempel errichtet, und der einfache Altar wurde durch einen besonders aufwändigen Marmoraltar ersetzt. Seine Form glich der des Altars, den König Eumenes II. später (1. Hälfte des 2. Jh. v.Chr.) in Pergamon hat errichten lassen. (cf. S. 91). Die Söhne des Bildhauers Praxiteles aus Athen (frühes 3. Jh. v.Chr.) schufen die Statuen, die vermutlich zwischen den Säulen aufgestellt wurden, die – vor einer Quaderwand stehend – auf drei Seiten die Opferplattform umrahmten.

Oberhalb und unterhalb des Areals wurde je eine Terrasse hinzugefügt mit Säulengängen und zahlreichen Räumen, den Eingang zu der Anlage bildete ein monumentales Propylon.

Die Römer bauten Stützmauern mit Nischen, die sie mit Statuen ausstatteten, und fügten Thermen hinzu.

Als Kaiser Theodosius I. 391/392 alle heidnischen Kulte verbot, betraf das auch das Asklepieion auf Kos.

Das Erdbeben des Jahres 554 n.Chr. hat das Heiligtum dem Erdboden gleich gemacht. Fortan wurden die Ruinen als Baumaterial benutzt. (cf. S. 51). In der byzantinischen Zeit wurde der Bereich überbaut, Was von dem Asklepieion übrig war, verschwand unter der Erde, mit ihm die Erinnerung, bis es zu Beginn des 20. Jahrhunderts von Iacovos Zaraftis und Rudolf Herzog wiederentdeckt wurde.

## Beschreibung

Das Heiligtum liegt etwa 4 km südwestlich der Hauptstadt. Es ist in drei übereinander gestaffelte Terrassen gegliedert und erreicht eine Höhe von 100 m. Die drei Ebenen sind durch Stützmauern voneinander getrennt und durch Treppen miteinander verbunden.

Das Asklepieion entstand an einer Stelle, die doppelt ausgezeichnet war: durch eine ergiebige Quelle und durch den Kult des Apollon Kyparissios. Ein 7 m hoher Kuppelbau, das älteste Gebäude der Anlage, birgt die Quelle, die noch immer sprudelt und gesundes Trinkwasser spendet. Ihm ist ein 35 m langer Gang vorgelagert. Man findet ihn südlich des Heiligtums, etwa 230 m über ihm.

Die folgende Beschreibung strebt keine Vollständigkeit an.

Die Ruinen vor dem Eingang gehören zu einem Wohnhaus mit einem Bad.

Auf einer modernen Treppe mit vierundzwanzig Stufen (1) gelangt man auf die erste Terrasse. Eine Zypresse und eine Steintafel weisen auf das Propylon hin (2), das den monumentalen Eingang bildete. Eine Stoa (3) umgibt das Areal auf drei Seiten. In ihr waren Räume (4) angeordnet, die vermutlich der Behandlung dienten.

Linker Hand erblickt man die Ruinen von Thermen (5), die die Römer erbaut haben, wie man an dem Ziegelmauerwerk leicht erkennt. Im Innern sind noch eine Wanne und Stützpfeiler für die Fußbodenheizung sichtbar. (cf. S. 101ff.).

Auf der rechten Seite der Stoa befand sich eine öffentliche Latrine (6). (cf. S. 96f.).

Der freie Platz, auf dem wohl alljährlich die Asklepieien, das Fest zu Ehren des Asklepios, gefeiert wurden, war von Statuen gesäumt.

Ein Treppenaufgang mit dreißig Stufen führt auf die zweite Terrasse. Sie wird durch eine Mauer mit Nischen gestützt. Die Brunnen, die in sie eingelassen waren, füllten sich wohl mit eisen- und schwefelhaltigem Wasser. Bei Embros an der Südküste, etwa zehn Kilometer entfernt, existieren noch immer schwefelhaltige Quellen, die die Menschen nutzen. Einer der Brunnen ist erhalten; er erhält sein Wasser gleichsam von dem im Relief dargestellten Hirtengott Pan.

Rechts der Treppe entdeckt man eine Nische, in der ein Altar steht. Die Inschrift besagt, dass der berühmte Arzt C. Stertinius Xenophon (ca. 10 v.Chr.–nach 54 n.Chr.) hier für den Kaiser Claudius (41–54) als einen wiedererstandenen Asklepios einen kleinen Tempel gestiftet hat. Auf der Basis wird eine Statue des Kaisers gestanden haben. Xenophon stammte aus Kos und wurde im Asklepieion zum Arzt ausgebildet. Er ging nach Rom, erhielt das römische Bürgerrecht und wurde der Leibarzt des Kaisers Claudius. (cf. S. 47). Nach dessen Tod kehrte er in seine Heimat zurück und machte dem Heiligtum großzügige Schenkungen. Mit Statuen, Münzen und Ehreninschriften wurde ihm reichlich Dank abgestattet. Der römische Geschichtsschreiber Tacitus (ca. 55–ca. 120 n.Chr.) erwähnt ihn zweimal, einmal im Zusammenhang mit der Abgabenfreiheit, die der Kaiser seinem Leibarzt zuliebe der Insel gewährte, ein zweites Mal in dem Bericht über den Tod des Kaisers, den Xenophon herbeigeführt haben soll. (Ann., 12, 61 und 67). Wenn die Koer das geglaubt hätten, wäre er gewiss nicht so geehrt worden.

Ohne die Stiftungen reicher Bürger und wohlgesinnter Statthalter und Kaiser hätten die Asklepeien nicht existieren können.

Das Zentrum der zweiten Terrasse bildet der Altar des Asklepios (7), von dessen Errichtung oben die Rede war. (cf. S. 119). Er wird links von einem korinthischen Apollontempel (8), rechts von einem jonischen Asklepiostempel (9) flankiert (Ende 4., Anfang 3. Jh.). Sieben korinthische und zwei jonische Säulen sind wieder aufgerichtet worden. Wenn auch Asklepios als der Hauptgott verehrt wurde, so hat man doch seinen Vater Apollon nicht vergessen. Sein Tempel hat einen älteren dorischen Tempel ersetzt, der als erster in dem Heiligtum errichtet worden war. Später ist auch der Kaiserkult in ihn eingezogen. Die Kaiser gehörten zu den großen Förderern der Asklepieien.

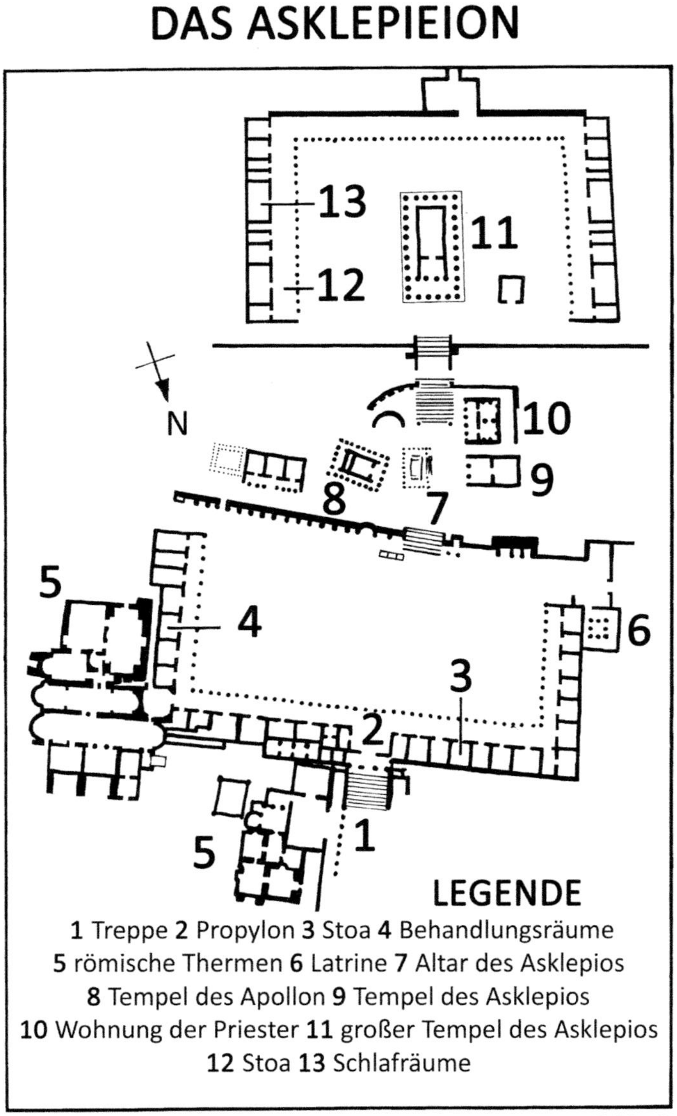


*E.H.-S.*

Abb. 52: Grundriss

Das Baumaterial des Apollontempels war Marmor, das des Asklepiostempels Basalttuff, der mit Stuck verkleidet war. Nur die Stufen und die Fassade waren aus Marmor. Im Inneren bedeckt eine Granitplatte eine Schatzkammer, in der die Weihgeschenke aufbewahrt wurden.

Abb. 53: Ruinen des Asklepieions von Kos, 4. Jh. v.Chr.
(ältester Teil der Anlage)

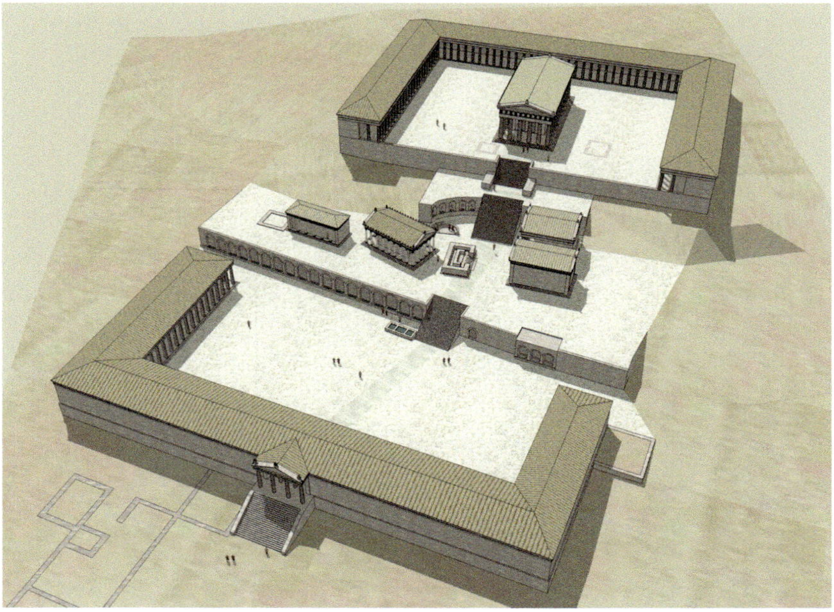

Abb. 54: Rekonstruktion des Asklepieions

Der Altar gehörte auch zu dem großen Tempel, der die dritte Terrasse beherrscht. Auf ihn blickten die Menschen, während die rituellen Handlungen auf dieser unteren Terrasse vollzogen wurden, eine ungewöhnliche Perspektive.

Die zweite Terrasse bildete das kultische Zentrum der Anlage, das durch die unter und über ihm hinzugefügten Ebenen einen Rahmen erhalten hat, der seine Bedeutung hervorhob.

Das Asklepieion verdankte seinen Ruhm nicht zuletzt einem Bild des Apelles, eines Zeitgenossen Alexanders des Großen, der sich von keinem anderen Künstler hat darstellen lassen wollen.

> *Omnes prius genitos et futuros postea superavit. Er überragte alle Künstler, die vor ihm gelebt haben und die nach ihm leben werden.*

Dieses überschwängliche Lob lesen wir bei Plinius dem Älteren, der von 23/24 bis 79 n.Chr. gelebt hat. (Nat. 15,75). Der Künstler hat es sich nicht zuletzt mit dem Bild verdient, das im Asklepieion bewundert wurde. Was auf ihm dargestellt war, erfahren wir von dem griechischen Historiker und Geographen Strabon:

> *Auch war dort jene Aphrodite Anadyoméne, die jetzt in Rom dem göttlichen Kaiser geheiligt ist. Augustus weihte seinem Vater die Stammmutter seines Geschlechts. Den Koern wurden für das Gemälde 100 Talente des auferlegten Tributs erlassen.* (657; Übers.: A. Forbiger).

Wo das Bild der dem Meer entsteigenden Aphrodite ausgestellt wurde, wissen wir nicht sicher. Im Propylon, der Vorhalle des Asklepiostempels? Oder schmückte es die Exedra, eine halbrunde Nische links neben der Treppe des Aufgangs zur dritten Terrasse, die wohl als Versammlungsraum diente? Welche Beziehung Asklepios zu Aphrodite hatte, darf man nicht fragen. Es kam nicht auf das Thema an, sondern auf den künstlerischen Wert des Werkes. Die Darstellungen nackter junger Männer, Götter, Heroen, Sportler, gab es schon seit der Archaik, Statuen und Bilder nackter Frauen erschienen erst im Hellenismus und tauchen dann wieder im Rückgriff auf die Antike in der Renaissance auf, zum Beispiel bei Botticelli (1445–1510) und Tizian (1488/1490–1576).

Abb. 55: Sandro Botticelli (1445–1510): Die Geburt der Venus, ca. 1485, Uffizien, Florenz

Die Ruinen rechts neben dem Aufgang werden unterschiedlich gedeutet: Gehören sie zu Priesterwohnungen oder zu einer Lesche, einem Raum, in dem die Menschen sich aufhalten, Gedanken miteinander austauschen oder zu einem Abaton, in dem man sich zum Heilschlaf niederlegen konnte? (10).

Die Krönung der Anlage bildete der große Asklepiostempel (11), den man erreicht, wenn man die 60 durch zwei Podeste gegliederten Stufen zur dritten Terrasse emporgestiegen ist. Auf dem ersten Absatz durchschreitet man noch einmal ein Propylon. Das Areal entspricht in der Größe etwa der ersten Terrasse und war wie diese auf drei Seiten von einer Stoa (12) umgeben. Im Hellenismus entwickelte sich der Sinn für Symmetrie. Hinter den Säulen befanden sich vielleicht die Schlafräume (13), in denen die Patienten auf die Träume warteten, in denen ihnen der Gott Anweisungen für die Therapie gab.

Der aus Marmor errichtete Tempel stammt aus dem 2. Jh. v.Chr., er war von 6 x 11 dorischen Säulen umrahmt, die hier wie bei allen griechischen Tempeln die Cella schmückten, den Wohnort der Gottheit, die durch sein Standbild repräsentiert wurde. In diesem Fall waren es zwei Gottheiten, deren Statuen in der Cella standen: Asklepios und seine Tochter Hygieia.

Abb. 56: Tizian (1490–1576): Venus mit einem Spiegel, ca. 1555,
Andrew W. Mellon collection,
National Gallery of Art, Washington D.C.

Das Wort für Tempel ist *naós*, abgeleitet von *náiein – wohnen*. Auch in diesem Tempel gab es einen Ort für die Aufbewahrung der Weihgeschenke, einen in eine Grube versenkten Bronzeschrein. In dem Raum zwischen Cella und Säulen konnte man sich, geschützt vor Sonne und Regen, aufhalten und auf den Altar hinabblicken, auf dem die Opfer vollzogen wurden. Der Tempel war nicht sehr groß, er passte sich der Dimension der Ebene an. Zum Vergleich: Den Parthenon in Athen umgaben 8 x 17 dorische Säulen. Vorbild war der aus dem 4. Jahrhundert stammende Asklepiostempel in Epidauros. Eine bemerkenswerte Inschrift, die über dem Eingang des dortigen Tempels den Besucher begrüßte, hat man in Kos nicht übernommen. Sie hatte die Form eines Distichons und lautete:

*Wer den nach Weihrauch duftenden Tempel betritt, muss rein sein.*
*Rein aber ist nur der, der das Fromme denkt.*

Es kam nicht wie sonst üblich auf die Teilnahme an den Riten, auf Opfer und Geschenke an, sondern auf die Gesinnung. (cf. S. 116ff.). Die Inschrift ist verloren, aber literarisch gut bezeugt. (Anth. Graeca, 18, 2). *Dem Frommen (ta hósia)* entspricht bei dem Evangelisten Markus *das Göttliche (ta tou theóu*; 8, V. 33), bei dem Apostel Paulus *das, was droben ist (ta áno)*. (Kollosser, 3,2).

Wenn ein frommer Verehrer des Heilgottes sich in der Antike vom Eingang des Asklepieions in Kos über die erste und zweite Terrasse dem Tempel näherte, den er stets vor Augen hatte, hat er sicher nicht anders empfunden als wir Christen, wenn wir eine Basilika betreten und auf den Altar zuschreiten.

Eine kleine in der Nähe aufgestellte Säule trägt ein Kapitell, in das die Buchstaben *I C X P – Jesus Christos* eingeritzt sind. Sie weist darauf hin, dass der Tempel zu einer christlichen Kirche umgewidmet worden ist. Das war nicht ungewöhnlich. Das Christentum wollte an die antike Religion, an die den Menschen gewohnten Vorstellungen anknüpfen und aus ihnen das spezifisch Neue entwickeln. So verfuhr Paulus in seiner Rede vor dem Areopag in Athen:

> *Männer von Athen, ich sehe, dass ihr die Götter in allen Stücken sehr verehrt. Denn ich bin umhergegangen und habe eure Heiligtümer angesehen und fand einen Altar, auf dem stand geschrieben: Dem unbekannten Gott. Nun verkündige ich euch, was ihr unwissend verehrt.*
>
> (Lukas, Apostelgeschichte, 17,V. 22, Übers.: Martin Luther).

In der Vorhalle sind noch die Strukturen der nach Westen orientierten Kirche zu sehen.

Ist es Zufall, dass auf der zweiten Terrasse ein jonischer und ein korinthischer Tempel errichtet wurden, dass man sich aber auf der dritten Terrasse für den dorischen Stil entschieden hat? Der Asklepiostempel sollte sicher besonders hervorgehoben werden, und vielleicht wollte man auch den panhellenischen Charakter des Heiligtums sichtbar machen, indem man sich der drei Formen der Architektur bediente, die sich im Lauf der Zeit ausgebildet hatten.

Der Tempel war rings von Zypressen umgeben.

Das Heiligtum war ein Ort, der Asyl gewährte, ein Privileg, das nicht jedem Tempel eingeräumt wurde. (cf. S. 45f.). Die Insel hat die Tradition bewahrt: Sie hat den Juden eine neue Heimat geschenkt (cf. S. 81) und bietet in unseren Tagen vielen Menschen Schutz, die auf der Flucht sind.

## Herondas: Der Besuch im Heiligtum

Als Herondas in der ersten Hälfte des 3. Jahrhunderts in Kos lebte, gab es den großen Asklepiostempel noch nicht. Herondas oder Herodas ist ein Dichter, der sog. Mimjamben geschrieben hat, Gedichte, die realistische Alltagssituationen in umgangsprachlicher Diktion darstellen. Als Vorbild diente die Komödie. Ob der Dichter ein gebürtiger Koer war, weiß man nicht. Er war ein Zeitgenosse des Theokrit. (cf. S. 38ff.).

Im 4. Mimjambus schildert er, wie zwei junge Frauen, Kynno und Phile, Freundinnen, mit ihren Sklavinnen vor Tagesanbruch das Heiligtum besuchen, um dem Asklepios Weihgeschenke zu stiften und Opfer darzubringen.

Phile

*Sei gegrüßt, Herrscher Paion, der du über Trikka herrschst*
*und das liebliche Epidauros bewohnst,*
*sei auch gegrüßt, Koronis, die dich gebar, und Apollon*
*und Hygeia, die du mit deiner Rechten berührst;*
*und allen, denen diese Altäre hier heilig sind,*
*Panake, der Allhelferin, Epio, der Freundlichen, und*
*Ieso, der Heilerin,*
*gelte dieser Gruß. ...*
*Und alle Götter, die an deinem Herd wohnen,*
*und alle Göttinnen, Vater Paion, bitte ich: Erscheint gnädig*
*und empfangt diesen Hahn, den Wächter der Mauern*
*meines Hauses,*
*den ich dir als Nachspeise opfere.*
*Wir können kein großes, kein fein hergerichtetes Opfer*
*darbringen,*
*sonst würden wir dir gewiss ein Rind oder ein gemästetes*
*fettes Schwein*
*und nicht nur einen Hahn opfern als Dank für die*
*Heilung der Krankheiten;*

*du hast sie von mir genommen, als du mir deine milden*
*Hände reichtest.*
*Kokkale, stell die Tafel an die rechte Seite der Hygieia hier.*
*Liebe Kynno, schau doch die schönen Standbilder.*
*Welcher Künstler hat wohl diese Statuen geschaffen, und*
*wer hat sie hierher gestiftet?*

Kynno
*Die Söhne des Praxiteles haben sie geschaffen.*
*Siehst du nicht die Inschrift da auf der Basis?*
*Euthies hat sie gestiftet, der Sohn des Prexon.*

Phile
*Gnädig sei Paion ihnen und dem Euthies für dieses schöne*
*Werk. ...*

Kynno
*Es ist schon Tag, und das Gedränge wird immer größer.*

Phile
*Warte, das Tor ist schon geöffnet, der Vorhang ist aufgezogen.*
*Liebe Kynno, sieh doch diese Kunstwerke!*
*Von diesen hier, die so besonders schön sind,*
*könnte man meinen, dass Athena sie gemeißelt hat.*
*Sei gegrüßt, Herrin.*
*Wird dieser nackte Junge nicht, wenn ich ihn kneife,*
*einen blauen Fleck davontragen, Kynno? ...*
*Der Stier und der, der ihn treibt, und die, die ihn begleitet,*
*und der Krumme da und der Mensch mit der Stupsnase,*
*sehen sie nicht alle wie lebendig aus?*
*Wenn ich nicht den Eindruck vermeiden wollte, ich täte etwas,*
*das sich für eine Frau nicht ziemt,*
*ich hätte geschrien, damit der Stier mir nichts zuleide tut,*
*so schief glotzt er mich an mit seinem einen Auge.*

Kynno
*Ja, Phile, so lebensnah sind auch die Pinselstriche*
*des Ephesiers Apelles auf allen seinen Gemälden.*
*Und man kann nicht sagen: „Das eine sah er, das andere*
*ist ihm entgangen."*
*Wenn sein Geist ihn dazu drängte,*
*scheute er sich nicht, auch Götter darzustellen.*

*Wer ihn oder seine Werke nicht, wie es sich gehört,*
*mit Bewunderung anschaut, der soll in der Werkstatt eines Walkers*
*an einem Fuß gehängt werden.*

Tempelwächter
*Sehr schön sind eure Opfer, ihr Frauen,*
*und Glück verheißend. Niemand gefiel dem Paion mehr als ihr.*
*Höre, Paion, höre, sei diesen Frauen wohlgesinnt*
*als Dank für ihre Opfer*
*jetzt und dann, wenn sie sich vermählen und Kinder bekommen.*
*Höre, Paion, so möge es sein.*

Kynno
*So möge es sein, du Mächtigster, und gesund mögen wir wieder hierher kommen*
*mit größeren Opfergaben und mit Ehegatten und mit Kindern. ...*

Zwei junge, noch unverheiratete Frauen besuchen ohne männliche Begleitung das Asklepieion. Bei ihrem Eintritt rufen sie nicht nur die Heilgottheiten an, Apollon, Asklepios und dessen Töchter, sie vergessen auch nicht, alle diejenigen zu erwähnen, die sonst noch in dem Heiligtum verehrt werden. Von jeder Gottheit erbat man, was ihrem Wesen entsprach: Fruchtbarkeit und gute Ernten von Demeter, Hilfe in der Liebe von Aphrodite, Erfolg bei der Jagd von Artemis. Es gab keinen Anspruch auf Ausschließlichkeit, wie ihn die Christen für ihren Gott erhoben. Wer freilich wie Hippolytos in der 428 aufgeführten gleichnamigen Tragödie des Euripides eine Gottheit missachtete, zog sich ihren Zorn zu und wurde bestraft. Dass der junge Mann Aphrodite nicht verehrte, büßte er mit dem Tod.

Phile ist von einer Krankheit geheilt worden, und nun stattet sie Dank ab mit einer bescheidenen Opfergabe, einem Hahn. (cf. S. 117). Sie weiß, dass der Gott nicht auf die Größe schaut, sondern auf die innere Einstellung. Das erinnert an ein Wort Christi, das der Evangelist Lukas überliefert:

*Er* (Christos) *blickte aber auf und sah, wie die Reichen ihre Gaben in den Gotteskasten einlegten. Er sah aber eine arme Witwe, die legte dort zwei Scherflein ein. Und er*

*sprach: „Wahrlich, ich sage euch: Diese arme Witwe hat mehr als sie alle eingelegt. Denn diese alle haben etwas von ihrem Überfluss zu den Gaben eingelegt, sie aber hat von ihrer Armut alles eingelegt, was sie zum Leben hatte.*
(21, VV. 1–4; Übers.: Martin Luther).

Phile hat ein Täfelchen mitgebracht, auf dem sie ihre Heilung dokumentiert hat, und sie lässt es am Standbild der Hygieia deponieren. Keine dieser Tafeln hat man in Kos gefunden, während aus Epidauros zahlreiche Geschichten von Heilungen überliefert sind. (cf. S. 140ff.). Dass auf Kos Heilungen dokumentiert wurden, geht aus einer Notiz bei Stabon hervor. (8, 374). Es war auch üblich, die Körperteile, die geheilt worden waren, aus Ton formen zu lassen und als Votive zu weihen. Keines von ihnen hat sich auf Kos erhalten.

Nun durchwandern die Besucherinnen das Heiligtum. Der Dichter gestaltet den Weg als einen Lobpreis der Kunstwerke, die sie betrachten. Der Mimjambus ist eine Liebeserklärung an das Asklepieion und zugleich eine Werbung für das Heiligtum. Die Frauen empfinden bei der Betrachtung der Statuen und Bilder keinerlei religiöse Scheu, sie bewundern sie nur als Kunstwerke. In der antiken Kunsttheorie galt der Grundsatz: Je realistischer die Darstellung war, umso größer war ihr Ruhm. Zahlreiche Anekdoten zeugen davon. Von Apelles wird folgendes berichtet: Als ein Schuster einmal bemängelte, dass an einem Schuh eine Öse fehle, habe er diesen Fehler unverzüglich korrigiert. Als derselbe Schuster dann aber etwas an den Schenkeln auszusetzen hatte, soll der Maler unwirsch geäußert haben:

*Ne supra crepidum sutor iudicaret. Über das, was oberhalb des Schuhs ist, soll der Schuhmacher sich kein Urteil erlauben.* (Plinius, Nat., 35,85).

Daraus hat sich die Redewendung entwickelt: *ne supra crepidum sutor.* Oder: *sutor, ne ultra crepidum! Schuster, bleib bei deinen Leisten.*

Kynno sieht sich veranlasst, Apelles zu verteidigen. Offenbar war der Künstler nicht über alle Kritik erhaben. Hatte er etwa übersehen, was er hätte malen sollen?

Für die Architektur der Tempel haben die Besucherinnen keinen Blick.

Worum beten sie am Schluss? Um Reichtum, Männer und Kinder. Die meisten Frauen wären wohl auch heute noch dankbar, wenn ihnen diese Wünsche erfüllt würden, aber würde es ihnen genügen?

Dem zeitgenössischen Touristen möchte man empfehlen, dort oben auf der dritten Terrasse zu verweilen, den Blick schweifen zu lassen hinunter in die unteren Terrassen des Heiligtums und hinüber über das Meer nach Kleinasien und sich bewusst zu machen, wie viele tausend Menschen im Verlauf der Jahrhunderte aus nah und fern hierhergekommen sind in der Hoffnung, geheilt zu werden. Wie vielen wird sich die Erwartung erfüllt haben, wie viele werden enttäuscht in ihre Heimat zurückgekehrt sein?

Und geht es nicht Unzähligen noch heute so, dass sie sich hoffnungsvoll jeder Therapie anvertrauen, die ihnen Heilung verspricht? Es ist ein Ort, an dem man auch selbst um Gesundheit beten und bitten möchte für alle, die einem lieb sind, und für sich selbst. In dieser Hinsicht sind unsere Wünsche dieselben wie die der Menschen in der Antike, der Gott, an den wir sie richten, ist nicht mehr Asklepios, sondern ist Jahwe, der dreieinige Gott, oder Allah.

Abb. 57: Blick von der oberen Terrasse des Asklepieion auf Kos und das Meer

# 5 Zeugnisse der Geschichte jenseits der Hauptstadt

Wer, nachdem er die Stadt besichtigt hat und zum Asklepiostempel emporgestiegen ist, die Insel durchstreift, wird vielleicht enttäuscht von den wenigen Zeugnissen ihres kulturellen Erbes. Aber er möge sich nicht entmutigen lassen. Der an der Kultur interessierte Besucher findet so manches, das nicht spektakulär, aber doch sehenswert ist, und vieles Schöne, das nicht dem Bereich der Kultur zuzuordnen ist: Es lohnt sich ein Abstecher zu dem **Salzsee von Tigaki**, einem Naturschutzgebiet, an dem man im Frühjahr neben vielen anderen Vogelarten vor allem Flamingos beobachten kann, es lohnt sich eine Wanderung auf den **Gipfel des Dikaiosgebirges**, und es empfiehlt sich, zu den mittelalterlichen Burgen hinaufzusteigen und die herrliche Aussicht zu genießen, die sie bieten.

Abb. 58: Flamingos am Salzsee bei Tigaki – Blickrichtung nach Norden zum Dikaios-Gebirgszug

Überall lockt das Meer zum Schwimmen, laden Tavernen mit schattigen Plätzen, leckeren Speisen und kühlen Getränken dazu ein, eine Pause einzulegen, mit einem Koer oder einer Koerin zu plaudern oder seinen Gedanken nachzugehen.

Nehmen Sie sich Zeit für Kos und seine vielfältigen Schönheiten.

Wir beschränken uns, dem Anliegen dieses Reiseführers entsprechend, auf Bemerkungen zum kulturellen Vermächtnis.

## 5.1 Das Grab des Charmylos und die byzantinische Burg bei Pyli

Ein lohnendes Ausflugsziel ist Pyli, ein kleiner Ort im Dikaiosgebirge. Unweit seines Zentrums befindet sich ein sehenswerter **Brunnen** aus dem Jahr 1592.

Abb. 59: Grab des Charmylos;
dahinter die über dem Grab errichtete orthodoxe Kapelle

Etwa 700 m von der Plateia entfernt stößt man auf ein **antikes Grab**, in dem Charmylos begraben sein soll, der mythische Gründer des Ortes. Von ihm wird erzählt, dass er sich mit Herakles einen Kampf geliefert haben soll, als dieser einmal auf der Insel landete. Natürlich zog der Mann aus Pyli den Kürzeren. (cf. S. 23). Tatsächlich stammt die Anlage erst aus dem 4. Jh. v.Chr. Sie besteht aus einem tonnengewölbten unterirdischen Raum, in dessen Längswände sechs Grabkammern eingelassen sind.

Über dem Grab ist eine kleine **byzantinische Kirche** errichtet worden, an der man antike Fresken und eine antike Steinplatte mit einer Inschrift entdecken kann.

Abb. 60: Die Ruinen der (parallel gebauten) frühchristlichen Kirchen Agios Stefanos auf der Halbinsel Kefalos beim Ort Kambos

Oberhalb von Pyli liegt das Alte Pyli, Palaió Pyli, aus dem 15. Jahrhundert. Es ist 1830 verlassen worden, als eine Choleraepidemie ausbrach. Es wird von einer **byzantinischen Burg** überragt, die aus dem 11. Jahrhundert stammt. Innerhalb ihrer Mauern befanden sich drei Kirchen und ein Kloster.

An Tavernen, in denen man rasten und Hunger und Durst stillen kann, mangelt es in Pyli nicht.

## 5.2 Kardamena und Antimachia

**Kardamena** ist 1865 auf den Ruinen der antiken und mittelalterlichen Stadt Alsana erbaut worden. Aus der hellenistischen Zeit haben sich die Überreste eines **Apollontempels** und einige Sitzreihen und das Podium der Skene eines **Theaters** erhalten. Im Zentrum des Ortes ist ein 150 Jahre altes **Bauernhaus** als Museum eingerichtet worden.

**Antimachia** ist ein kleiner Ort, dessen Geschichte bis in die Antike zurückreicht. Er hat durch das Erdbeben des Jahres 1933 schwere Schäden erlitten. 1964 ist hier der Flughafen Kos-Hippokrates eröffnet worden. Die den Ort überragende **Burg** haben vermutlich die Venezianer zu Beginn des 13. Jahrhunderts erbaut und die Johanniter im 14. Jahrhundert erweitert. Anschließend ist sie von den Türken genutzt worden. Im Innern befinden sich zwei kleine Kirchen aus dem 16. und 18. Jahrhundert.

Glaubt man dem Mythos, hat Herakles auch in Antimachia seine Spuren hinterlassen. Es ging auch hier nicht ohne Kampf ab, diesmal mit dem Sohn des Königs Eurypylos und den Meropern, den Ureinwohnern der Stadt. Zunächst unterlag er und verbarg sich in Frauenkleidern, die ihm eine Frau geschenkt hatte, bis sich die Gelegenheit ergab, die Gegner zu schlagen. Als Preis des Sieges durfte er sich mit der Tochter des Königs vermählen. (K. Kerényi, a.a.O., S. 132/133 nach Plutarch, Quaestiones Graecae, 58).

Die Koer legten offenbar großen Wert darauf, eine Verbindung zu dem mythischen Heros herzustellen. (cf. S. 23).

## 5.3 Die alte Hauptstadt Astyphalia

Etwa 1 km südlich von Kefalos lag die alte Hauptstadt, in der vielleicht 460 Hippokrates geboren wurde. Sie wurde bei einem Erdbeben 413/412 (?) verschüttet, dann in der Nähe wieder aufgebaut, aber schließlich 366 v.Chr. aufgegeben und in den Norden an die Stelle verlegt, an der die heutige Stadt Kos liegt. (cf. S. 28). Man hat

Ruinen eines **Demeter-** und eines **Apollontempels** ausgegraben. Demeter, die Göttin der Fruchtbarkeit, begegnet uns hier zum ersten und einzigen Mal. Das ist merkwürdig auf einer Insel, deren Bewohner hauptsächlich von der Landwirtschaft lebten. Aber wer weiß, wie viele Fundamente noch im Boden liegen und der Entdeckung harren.

Am Strand kann man besichtigen, was von der **Basilika Agios Stephanos** aus dem 6. Jahrhundert noch erhalten ist.

Im 14. Jahrhundert besiedelten die Johanniter die Stadt und erbauten **die Burg**, die, wie auch die anderen Kastelle, Zeugnis dafür ablegt, wie sehr man die Türken fürchtete. Sie alle haben nichts genützt. Kos musste sich 1523 den Osmanen ergeben. (cf. S. 53).

Heute herrschen die Griechen über die Insel. Wir wollen hoffen, dass ihre Angst vor den Türken jetzt und in aller Zukunft unbegründet ist und dass es der Vernunft und der Diplomatie gelingen möge, eine dauerhafte friedliche Koexistenz der beiden Völker zu gewährleisten.

# 6 Heilende Götter

## 6.1 Heilung durch Sühne

Homer erzählt am Anfang der Ilias: Plötzlich bricht in dem griechischen Heer, das Troja belagert, eine furchtbare Seuche aus. Zuerst kommen die Maultiere und *die flinken Hunde* um, dann trifft es die Menschen.

> *Unaufhörlich brannten in Mengen die Scheiterhaufen,*
> *auf denen die Toten verbrannt wurden.*

Neun Tage wütet die Krankheit, am zehnten Tag beruft Achilleus eine Heeresversammlung ein. Niemand zweifelt daran, dass Apollons Pfeile das Leid verursachen, aber niemand weiß, warum der Gott mit ihnen auf das Heer zielt, warum er zürnt. Achilleus schlägt vor, einen Seher, Priester oder Traumdeuter zu befragen.

> *Da erhob sich unter ihnen Kalchas, der Sohn des Thestor,*
> *der weitaus beste unter den Vogeldeutern,*
> *der wusste, was ist, was sein wird und was war.*

Und er weiß Rat, erklärt, was geschehen ist und was zu geschehen hat: Die Ursache des göttlichen Zorns ist ein Frevel, den der Heerführer Agamemnon verübt hat. Als der Priester Chryses in das Lager kam und darum bat, seine Tochter, die die Griechen bei der Eroberung von Chryse gefangen genommen und versklavt hatten, für ein Lösegeld freizugeben, hat ihn der Heerführer nicht nur abgewiesen, sondern darüber hinaus hochmütig aus dem Lager gejagt.

> *Er* (Apollon) *wird die Danaer nicht eher von dem schmerzlichen*
> *Verderben befreien, ehe man dem Vater die Tochter mit den lebhaften Augen*
> *ohne Bezahlung, ohne Lösegeld zurückgegeben*
> *und ein großes, heiliges Opfer nach Chryse gesandt hat.*
> *Dann werden wir ihn wohl besänftigen und gnädig stimmen.*
> (1, VV. 82–100).

Der Seher nennt die Ursache des Leids und nennt das Heilmittel.

Abb. 61: Statue des Apollon mit Pfeil und Bogen (hier abgebrochen), römisch, Mitte 2. Jh. v.Chr., Ashmolean Museum, Oxford

Es ist diese Eigenart, die die Griechen auszeichnet: nach Ursachen und Lösungen zu forschen. Ohne diesen Drang, den Dingen auf den Grund zu gehen, hätte Wissenschaft nicht begründet werden können.

Das Leid kommt nicht von ungefähr. Der Mensch hat es verursacht, und er kann und muss etwas tun, es zu beenden. Der Frevel des Feldherrn wirkt sich auf alle aus – wie eine Krankheit, die alle ansteckt.

Was muss geschehen? Auf der menschlichen Ebene: Wiedergutmachung, die die Bitte des Priesters mehr als erfüllt, Rückgabe der Tochter ohne Lösegeld.

Auf der religiösen Ebene: Opfer in einer das Übliche übersteigenden Größenordnung.

Wie bei Homer Achill, so verfährt in der sophokleischen Tragödie *König Ödipus* (aufgeführt 434?) Ödipus, der König von Theben, als das Volk von einer Seuche dahingerafft wird. Er hat seinen

Schwager Kreon nach Delphi gesandt. Das Orakel nennt die Ursache und weiß Rat:

> *Es gebietet uns Apollon, der Herr, mit klaren Worten,*
> *dass wir die Blutschuld, die auf diesem Land wuchert,*
> *vertreiben und sie nicht ohne Sühne weiter so wuchern lassen.*
> (VV. 96–98).

Wie bei Homer und Sophokles wurde auch in Epidauros und auf Kos göttliche Hilfe erwartet, dort von Apollon, hier von Asklepios. Aber Asklepios war ein anderer Gott als Apollon, er wies keine Schuld zu und erlegte keine Sühne auf. An ihn durfte sich nur wenden, wer rein, frei von Schuld war, wie es die Tempelinschrift forderte. (cf. S. 126).

## 6.2 Heilschlaf in Epidauros

Warum widmen wir uns dem Heilschlaf in Epidauros und nicht dem göttlichen Wirken auf Kos? Die Antwort ist einfach: Es gibt Quellen für Epidauros, aber nicht für Kos. Dabei gilt es als sicher, dass es auch im Asklepieion der Insel den Heilschlaf gegeben hat, denn es ist wie alle Asklepieien nach dem Vorbild von Epidauros gegründet worden.

Mehr noch: Es fehlen auf Kos nicht nur schriftliche Quellen, Heilungsgeschichten und Votivgaben, sondern auch gesicherte Spuren von Schlafräumen, jedenfalls dort, wo man sie erwarten sollte: auf der zweiten Terrasse (cf. S. 125).

Wenn wir uns ein Bild von dem machen wollen, was auf Kos geschah, müssen wir uns mit Epidauros beschäftigen.

Der heilige Bezirk von Epidauros liegt ca. 9 km von der Stadt entfernt in einem Tal. Die Archäologen datieren die Anfänge dieses ältesten Asklepieions in das 6. Jh. v.Chr.; die Ausbreitung des Kults begann im 5. Jahrhundert. Asklepios war nicht der erste Gott, der hier verehrt wurde. Er trat wie auf Kos die Nachfolge des Apollon an und blieb wie dort auch hier mit ihm verbunden. Apollon trug in Epidauros den Beinamen *Maleatas*. Schon lange, bevor er seinen Einzug hielt, gab es den Altar eines Fruchtbarkeitsgottes, der *Ma-*

*leatas* hieß und über die Fähigkeit verfügte, zu heilen. Mit ihm begann die Entwicklung des Heiligtums, das erst zu existieren aufhörte, als Kaiser Theodosius I. 391/392 alle heidnischen Kulte verbot.

Abb. 62: Asklepieion in Epidauros: Die Rekonstruktionszeichnung der Tholos zeigt die Krypta, im Hintergrund ist die Schlafhalle (Abaton) angedeutet

Über die Krankheiten, die geheilt wurden, und über die Art, wie die Heilungen sich ereigneten, sind wir gut informiert. Auf vier Stelen, die aus dem 4. Jh. v.Chr. stammen, sind siebzig Geschichten von Heilungen dokumentiert. (IG $IV^2$, 1, 121–124). Sie sind von den Priestern auf der Grundlage von Täfelchen, auf denen die Geheilten ihre Heilung beschrieben und mit denen sie dem Gott Dank abstatteten, redigiert worden. Sie sind im dorischen Dialekt verfasst und weisen eine einheitliche Form auf. Den Anfang bilden der Name des/der Heilungsuchenden und die Bezeichnung der Krankheit, dann wird die wunderbare Heilung geschildert. Erfolgreiche Heilungen waren eine Werbung für den Gott und für den Heilort. Unheilbar Kranke hatten keinen Zutritt zu ihm, denn innerhalb des Heiligtums durfte niemand sterben.

In der 428 v.Chr. aufgeführten euripideischen Tragödie *Hippolytos* wird Hippolytos, ein junger Mann, der der Göttin Artemis sein Leben lang treu gedient hat, von ihr verlassen, als er stirbt. Sie verabschiedet sich mit folgenden Worten:

*Leb wohl, Tote zu schauen, ist mir nämlich nicht erlaubt,*
*nicht, dass mein Angesicht vom Todeshauch befleckt*
*wird. Dich aber sehe ich dem Tode schon sehr nah.*

Hippolytos antwortet:

> *Leb wohl auch du und gehe, Jungfrau, selige.*
> *Du kündigst leicht den langen Bund der Freundschaft auf.*
> (VV. 1437–1441).

Frauen durften in dem heiligen Bezirk nicht gebären. (Pausanias, 2, 27, 6). Das Blut der Gebärenden durfte die göttliche Reinheit nicht beflecken.

Heilungsuchende mussten Opfer darbringen, wenn sie das Heiligtum betraten und wenn sie es wieder verließen, sie mussten sich rituellen Waschungen unterziehen, sich mit einem weißen Gewand bekleiden und auf dem Kopf eine Krone aus Ölbaumzweigen tragen.

Abb. 63: Asklepios und Hygieia, vor ihnen ein Kranker auf einer Liege, Weihrelief, attisch, Archäologisches Museum, Piräus

Die Heilung vollzog sich in einem dunklen Schlafsaal, in dem absolute Ruhe herrschte. Die Kranken schliefen auf einer *Liege – Kline*, daraus leitet sich unser Begriff der *Klinik* ab; sie waren von allen sozialen Kontakten isoliert; ganz auf sich gestellt, begegneten sie dem Gott. Das war ungewöhnlich, denn Riten wurden normalerweise in Gemeinschaft vollzogen. Sie erwarteten, dass ihnen der Gott im Traum erscheine und sie heile. Der Schlafsaal wurde auch als ein *ábaton* bezeichnet, als *ein Raum, der von Unberufenen nicht betreten werden durfte*. Wer war berufen? Vielleicht Heilungsuchende, deren Opfer günstig ausgefallen waren.

Im Lateinischen heißt *incubare an einem heiligen Ort schlafen, um von der Gottheit belehrt zu werden*. Wir sprechen von *Inkubation*.

Traten die Geheilten aus dem Abaton heraus, legten sie die rituelle Kleidung und den Kranz ab. In einer gemeinschaftlichen Mahlzeit mit anderen Geheilten wurde das Opferfleisch verzehrt.

Nicht immer gelang die Heilung in einer Nacht. Manch eine(r) musste Monate warten.

Ich habe im Folgenden einige Beispiele ausgewählt, die geeignet sind, einen Eindruck von dem Geschehen zu vermitteln:

Der Umgang mit Zweiflern:

> *Ambrosia von Athen, einäugig. Diese kam als Bittfleherin zu dem Gott. Als sie im Heiligtum herumging, lachte sie über einige von den Heilungen: Es sei unwahrscheinlich und unmöglich, dass Lahme und Blinde gesund werden sollten, nachdem sie nur einen Traum gesehen hätten. Als sie im Heilraum schlief, sah sie ein Gesicht: Sie träumte, der Gott trete vor sie und sage, er werde sie zwar gesund machen, verlange aber als Lohn von ihr, dass sie in das Heiligtum ein silbernes Schwein stifte als Erinnerung an ihre Unwissenheit. Nachdem er das gesagt hatte, habe er ihr das kranke Auge aufgeschlitzt und ein Heilmittel eingegossen. Als es Tag geworden war, kam sie gesund heraus.*

Der lachende Gott und das Geschenk eines Kindes:

> *Euphanes von Epidauros, ein Knabe. Dieser war steinleidend und schlief im Heilraum. Da träumte er, der Gott trete vor ihn und sage: „Was willst du mir geben, wenn ich dich gesund mache?“ Er habe gesagt: „Zehn Klicker.“ Da habe der Gott gelacht und gesagt, er werde ihn erlösen. Als es Tag geworden war, kam er gesund heraus.*

Die olympischen Götter lachen. Homer spricht von einem *unauslöschlichen Gelächter* der Götter (Il., 1,V. 599), aus dem dann das berühmte *homerische Gelächter* geworden ist.

Eine Heilung mit einer Arznei:

> *Ein Mann kam zu Gott als Bittflehender, der war so augenlos, dass er nur die Lider hatte, aber nichts darin war, sondern dass sie gänzlich leer waren. Da lachten einige*

*von den Leuten im Heiligtum über seine Einfalt, dass er glaube, er werde sehen, obwohl er doch überhaupt keine Spur von einem Auge habe, sondern nur den Platz dafür. Als er im Heilraum schlief, erschien ihm ein Gesicht: Er träumte, der Gott habe eine Arznei gekocht, dann seine Lider geöffnet und sie hineingegossen. Als es Tag wurde, kam er auf beiden Augen sehend heraus.*

Die Bedeutung des Glaubens:

> *Kleimenes aus Argos, am Körper gelähmt. Dieser kam in den Heilraum, schlief und sah ein Gesicht: Er träumte, der Gott wickele ihm eine rote wollene Binde um den Leib und führe ihn ein wenig außerhalb des Heiligtums an einen Teich, dessen Wasser übermäßig kalt war, damit er dort ein Bad nehme. Als er sich feige benahm, habe Asklepios gesagt, er werde die Menschen nicht heilen, die dazu zu feige seien, sondern nur die, welche zu ihm in sein Heiligtum kämen in der guten Hoffnung, dass er ihnen nichts Übles antue, sondern sie gesund entlassen werde. Als er aufgewacht war, badete er und kam ohne Schaden an seinem Leib heraus.*

Schocktherapie:

> *Ein Mädchen, stumm. Als diese im Heiligtum herumlief, sah sie eine Schlange von einem der Bäume im Hain herabkriechen; voller Furcht schrie sie sofort nach ihrer Mutter und ihrem Vater, und sie ging gesund heraus.*

Heilung durch eine Schlange:

> *Nikebule aus Messene schlief im Heiligtum, um Kindersegen zu erhalten, und sah einen Traum: Sie träumte, der Gott sei mit einer Schlange, die ihm folgte, zu ihr gekommen; sie habe mit ihr verkehrt, und darauf empfing sie ein Jahr später zwei Kinder.* (R. Herzog, a.a.O.).

Es gab im Hain in Epidauros einen Rundbau, dessen Substruktionen labyrinthartige Gänge aufweisen. Vielleicht war dies ein Raum, in dem der Gott in der Gestalt einer Schlange verehrt wurde oder in dem mehrere heilige Schlangen gehalten wurden. Wir erinnern uns, dass der Gott als Schlange nach Rom transferiert worden ist. (cf. S. 116).

Von dem Glauben der Menschen an die Heilkraft des Gottes zeugen nicht nur die Inschriften, sondern auch die zahlreichen Votivgaben. Sie haben Ab- und Nachbildungen ihrer erkrankten Körperteile aus verschiedenen Materialien anfertigen lassen und sie im Heiligtum deponiert. Sie verbanden damit entweder die Bitte um Heilung oder den Dank für eine Heilung, die sie erfahren haben. Die Sitte ist schon im ersten Drittel des 2. Jahrtausends v.Chr. im minoischen Kreta durch entsprechende Funde belegt, und sie lebt an christlichen Wallfahrtsorten bis heute fort.

## 6.3 Eine aristophaneische Parodie

Der griechische Komödiendichter Aristophanes (450/445 – nach 388 v.Chr.) hat in seiner letzten, kurz vor seinem Tod aufgeführten Komödie *Plutos – der Reichtum* das Geschehen in einem Asklepieion parodiert. Plutos, eine allegorische Figur, ist in dem Stück ein blinder Bettler. Man wünscht sich, dass Asklepios ihn heilen möge, damit er wieder sehend wird und die Güter des Lebens fortan gerecht verteilt. Das gelingt auch – mit Hilfe zweier Schlangen. Der Vorgang wird ausführlich von einem Sklaven berichtet, der die Zeremonie beobachten konnte. Ziel des Spottes ist vor allem ein Priester, der offenbar für den ordnungsgemäßen Ablauf zu sorgen hatte.

*Der Tempeldiener löschte*
*die Lichter nun und hieß uns ruhig schlafen*
*und still sein, wenn wir auch Geräusche vernähmen.*
*In schönster Ordnung lagen wir nun all'. ...*
*Ich schlug die Augen auf und sah – den Priester!*
*Der rapst vom Opfertisch die Kuchen weg*
*und Feigen, wandelte rund um die Altäre*
*herum und schnüffelt, ob nicht irgendwo*
*ein Opferfladen noch zurückgeblieben,*
*und konsekrirt's – in seinen Sack hinein.*

(VV. 668–681; Übers.: Ludwig Seeger).

Die Götter lachten, und über die Götter und ihre Priester durfte man lachen. Der Dichter brauchte nicht zu befürchten, der Blasphemie beschuldigt zu werden. Das demokratische Athen war stolz auf das *Recht der Redefreiheit – Parrhesía*.

## 6.4 Heilschlaf in Pergamon

Wir werfen einen Blick auf das Asklepieion in Pergamon, weil wir hier eine andere Art der Heilung kennenlernen. Der Gott heilte nicht im Traum, sondern dadurch, dass er im Traum Anweisungen zur Therapie gab.

Das Asklepieion wurde im 4. Jh. v.Chr. gegründet. Seine Bedeutung blieb jedoch so lange auf das lokale Umfeld begrenzt, bis der König Eumenes II. (3./2. Jh. v.Chr.) es mit staatlichen Zuwendungen förderte. Die Entwicklung zu einem vielbesuchten Kurort hat dann aber erst in der römischen Kaiserzeit eingesetzt. Zur Zeit des Kaisers Antoninus Pius (138–161 n.Chr.) hat sein Ruf sogar den von Epidauros überflügelt.

Abb. 64: Das Asklepieion von Pergamon, 4. Jh. v.Chr.

Abb. 65: Statue des Aelius Aristides (Kopie aus dem 2. Jahrhundert), Vatikanische Museen, Rom

Über die Art der Therapie sind wir durch die sechs *Heiligen Bücher* gut informiert, in denen der aus Mysien stammende Redner Aelius Aristeides (117–ca. 185 v.Chr.) seine Erfahrungen als Patient beschrieben hat. Er hat dem Heilgott zeit seines Lebens die Treue bewahrt. Er berichtet:

Mehr als vierzig Tage habe Frost geherrscht, und sogar die Häfen und die elaiische Küste von Pergamon abwärts seien zugefroren gewesen, als ihm der Gott befohlen habe, aufzustehen, sich, nur mit einer kleinen, wollenen Tunika bekleidet, zu einer Quelle zu begeben und dort nackend zu baden.

Ein anderes Mal habe ihm der Gott befohlen, sich mit Schlamm einzureiben, sich in das heilige Gymnasium zu setzen und Zeus, den höchsten und besten Gott, anzurufen. Das sei geschehen in Anwesenheit vieler Zuschauer.

Nach solchen Prozeduren habe er sich nicht nur körperlich wohlgefühlt, sondern er sei auch mit einer unaussprechlichen, lang anhaltenden Heiterkeit erfüllt worden.

Immer wieder sei von ihm verlangt worden, bei Wind und Wetter Bäder zu nehmen – in einem Fluss, im Meer, in einer heiligen Quelle, immer wieder auch, barfuß zu gehen.

Es sei ihm geraten worden, viel Wasser zu trinken, keinen Wein, und auf Leckereien gänzlich zu verzichten.

Gründe hat der Gott nicht genannt. Ärzte, die es in Pergamon auch gab, haben hin und wieder die Wirksamkeit einer im Traum empfohlenen Therapie bezweifelt, sich dem Gott aber stets freiwillig oder unfreiwillig untergeordnet. Aristeides selbst hat die Träume nie kritisch hinterfragt und sich nie geweigert, den Anordnungen Folge zu leisten.

Anhänger von Kneippkuren, Antialkoholiker und auf ihre Figur Bedachte werden ihre Freude an den Ratschlägen des Redners haben.

## 6.5 Tempelschlaf im alten Ägypten

Zeugnisse in Keilschrift und auf Papyrus bezeugen, dass es den Tempelschlaf im Orient und in Ägypten schon gab, bevor er in Griechenland praktiziert wurde. Herodot berichtet von einem Ereignis, das sich in Ägypten in der Zeit um 700 zugetragen haben soll.

> *Nach diesem* (Amasis) *sei der Priester des Hephaistos, dessen Name Sethos gewesen sei, Herrscher geworden. Der schätzte die ägyptische Kriegerkaste gering und missachtete sie in der Überzeugung, er werde sie nicht brauchen. ...*
>
> *Als Samacharibon, der König der Araber und Assyrer, ein großes Heer gegen Ägypten führte, verweigerten die ägyptischen Krieger dem Priester ihre Unterstützung.*
>
> *Der begab sich in seiner Not in den Tempel und klagte dem Götterbild, welche Gefahr ihm drohe. Jammernd ist er eingeschlafen und träumte, dass der Gott zu ihm trat und ihn mit den Worten ermutigte, dass er, wenn er dem Heer der Araber entgegentrete, keine Niederlage erleiden werde. Er werde ihm einen Helfer sen-*

*den. Im Vertrauen darauf schlug Sethos mit den Ägyptern, die ihm bereitwillig gefolgt waren, in Pelusion sein Lager auf. Dort ist nämlich das Einfallstor nach Ägypten. ... Als die Feinde dort ankamen, fielen Feldmäuse in der Nacht bei ihnen ein und zernagten ihre Köcher, ihre Bogen, die Griffe ihrer Schilde, sodass sie am nächsten Tag unbewaffnet flohen und viele von ihnen fielen.* (2,141).

## 6.6 Fortleben im Christentum

### Wunderheilungen

Das frühe Christentum kannte die Praxis der Inkubation.

Eines von vielen Wundern, über die der Kirchenvater Augustinus (354–430) im 8. Kapitel des *Gottesstaates* berichtet, trug sich so zu:

*Innocentia, eine sehr fromme Frau aus Karthago, litt an Brustkrebs, einer Krankheit, die, wie die Ärzte sagen, aller Heilmittel spottet. Die Frau erfuhr das und wandte sich in ihrer Verzweiflung betend an Gott. Nun empfängt sie beim Herannahen des Osterfestes im Traum die Mahnung, sie möge beim Taufbecken auf der Frauenseite Obacht geben und von der ersten ihr begegnenden Neugetauften über der kranken Stelle das Kreuzeszeichen machen lassen. Sie tat es und wurde alsbald gesund.*
(Übers.: Wilhelm Thieme).

Heilungen erfolgten nicht nur durch Anweisungen im Traum, sondern häufig auch durch die Berührung einer Reliquie.

### Kosmas und Damian

Die in Arabien geborenen und aus einer christlichen Familie stammenden Zwillingsbrüder Kosmas und Damian haben im Christentum die Rolle des Asklepios übernommen. Sie waren in Kilikien als Ärzte tätig und wurden berühmt, weil ihnen spektakuläre Heilungen gelangen. Man ehrte sie mit der Bezeichnung *anárgyroi* (zu *árgyros – Geld, Gold*), weil sie kein Honorar nahmen. Nun ließ sich freilich auch Asklepios nicht bezahlen, aber er verlangte wenigstens ein – wenn auch bescheidenes – Opfer (cf. S. 130f.), den hippokratischen Ärzten stand ein Honorar zu. (cf. S. 159). Die christlichen Ärzte konnten viele ihrer Patientinnen und Patienten zu ihrem Glauben bekehren. Es blieb nicht aus, dass sie sich die Verehrer des Asklepios zu Feinden machten. Sie wurden 305 Opfer der diokletianischen Christenverfolgung, wurden gemartert und enthauptet.

Sie werden als Märtyrer und Heilige verehrt. Sie sind Patrone der Kranken, der Ärzte und Apotheker.

Abb. 66: Die heiligen Brüder Kosmas und Damian,
Miniatur aus dem Stundenbuch der Anne de Bretagne, 16. Jh.,
Bibliothèque Nationale, Paris (Codex A 66, Blatt 343)

Papst Felix IV. weihte ihnen 526 in Rom eine Basilika. Der Tag der Weihe ist der Tag ihres Gedenkens: der 27. September, später der 26. September. Von dem Sakristan (Kirchendiener) dieser Kirche wird berichtet, dass er, als ihn schreckliche Beinschmerzen quälten, Kosmas und Damian angerufen und gebeten habe, ihn zu heilen. Er sei eingeschlafen und habe im Traum erlebt, wie die beiden Heiligen sein krankes Bein durch das gesunde eines gerade verstorbenen Äthiopiers ersetzten. Als er erwachte, sei er gesund geworden.

## Lourdes

In den christlichen Wallfahrtsorten lebt das religiöse antike und frühchristliche Erbe noch immer fort. Auch dort werden Menschen auf übernatürliche Weise geheilt. Der bekannteste und meistbesuchte Wallfahrtsort ist Lourdes in den französischen Westpyrenäen. Eine internationale Ärztekommission ist beauftragt, alle Heilungen, die bekannt werden, zu prüfen. Siebzig (Stand 2018) sind bisher als Wunder eingestuft worden, weil sie *mit naturwissenschaftlichen Erkenntnissen nicht erklärbar sind*.

Abb. 67: Ziel der Lourdes-Pilger: Die Grotte von Massabielle mit der nach Bernadettes Angaben geschaffenen Marienstatue von Joseph-Hugues Fabisch

Die Einstellung, mit der die Menschen die Hilfe der christlichen Ärzte erbitten und an den christlichen Wallfahrtsorten zu Gott beten, ist eine völlig andere als die, mit der die Heilungsuchenden sich an Asklepios wandten. Der antike Mensch **hoffte** auf Heilung, der Christ **glaubt** an die heilende Kraft Gottes. Er wird geheilt, weil er glaubt. In der Heilung offenbart sich die Allmacht Gottes. Das Wunder der Heilung vollzieht sich gerade an den unheilbar Kranken, denen kein Arzt mehr helfen kann, gerade an denen, die Asklepios zurückwies. (cf. S. 141).

Die moderne Medizin kennt das Phänomen der *Spontanheilungen*.

Abb. 68: Rosenkranzbasilika in Lourdes, erbaut 1883–1889

# 7 Geschichte der rational-methodischen Medizin vor der Zeit des Hippokrates

## 7.1 Das Zweistromland

Seit dem 3. Jahrtausend v.Chr. gab es im Zweistromland zwischen Euphrat und Tigris eine hochentwickelte medizinische Wissenschaft.

> *Denn eine Quittung aus der Mitte des 3. Jahrtausends vor Christus erwähnt dreiundzwanzig medizinische Geräte: Meißel, Sägen, Klingen, Messer. Da diese Geräte insgesamt nur 480 g Bronze wogen, das Durchschnittsgewicht der Werkzeuge also nur 20,9 g betrug, kann davon ausgegangen werden, dass es sich um feine und feinste Instrumente für die medizinischen Eingriffe eines Wundarztes handelte.*

Seit etwa 2000 v.Chr. sind Rezepte und Heilanweisungen in Keilschriftdokumenten überliefert.

> *Auch wenn die babylonische Heilkunde eine Mischung aus empirischen rationalen Methoden und magisch-religiösen Vorstellungen war, so waren die medizinischen Diagnosen und die Ausübungen jedoch alles andere als magische Rituale. ...*
>
> *Die Ärzte waren eine Berufsschicht mit festen Einnahmen. Ein Handbuch, das eine Ordnung der Symptome enthält, beginnt mit einer Hygieneanweisung, die von langer empirischer Erfahrung zeugt: „Wenn du dich einem Kranken nähern willst, darfst du dich ihm keinesfalls nähern, um ihn zu heilen, bis du die Reinigungszeremonie (mit Wasser) über dich vollzogen haben wirst.*
>
> (Friedrich Niewöhner in: FAZ vom 27.1.1999, Seite N 6).

Es unterliegt keinem Zweifel, dass die griechische Medizin mit dem alten Babylon in Verbindung gebracht werden muss. (F. Steger, a.a.O., S. 19).

## 7.2 Ägypten

Die ältesten Papyri medizinischen Inhalts stammen aus der Zeit um 1800 v.Chr. Der *Papyrus Ebers* ist um 1550 v.Chr. entstanden und ist die längste und zugleich die älteste vollständig überlieferte Schriftrolle der ägyptischen Medizin. Er ist mehr als 18 m lang und enthält Fallbeispiele aus verschiedenen Fachbereichen: Innere Medizin, Gynäkologie, Zahnheilkunde, Dermatologie, Operationen von Abszessen und Tumoren, Behandlungen von Knochenbrüchen, Verbrennungen, Depressionen. Er handelt von dem Herzen und den Blutgefäßen und fügt eine Sammlung von Rezepten hinzu. Das wertvolle und bedeutende Zeugnis der menschlichen Kultur wird in der Universitätsbibliothek Leipzig aufbewahrt.

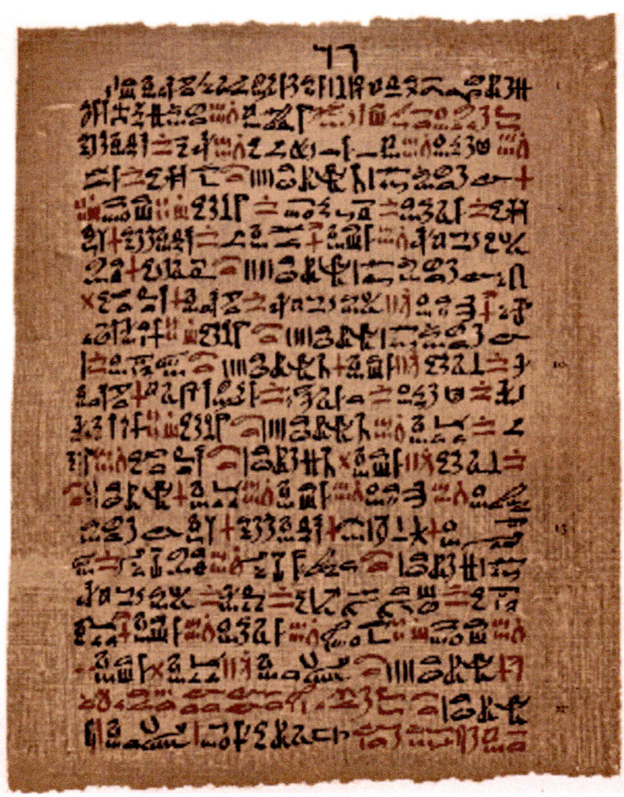

Abb. 69: Der Papyrus Ebers

Angehende Ärzte wurden an Mumien ausgebildet. Es gab Spezialisten, sie verfügten über eine Vielzahl unterschiedlicher Instrumente. (Quelle: Medizin im alten Ägypten, Wikipedia, 2023).

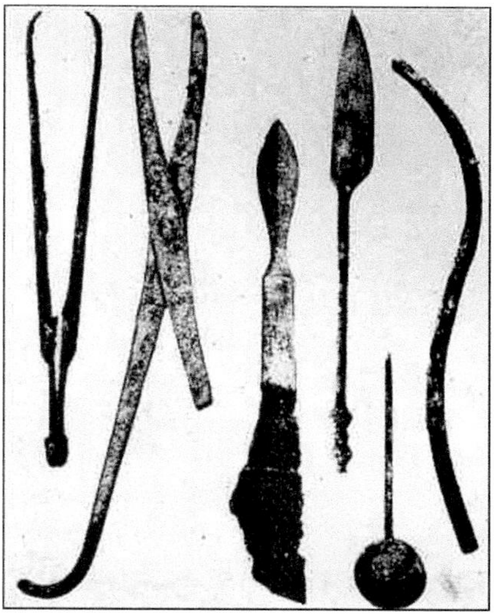

Abb. 70: Chirurgische Instrumente (Skalpelle, Spatel, Pinzetten) aus Ägypten, 4000 v.Chr.

Den Bezug zu den Göttern hat die ägyptische Medizin nie verloren. Alle Heilungen wurden von magischen Zauberriten begleitet.

Bei Homer genießen die ägyptischen Ärzte großes Ansehen (Od., 4, VV. 231/232), Herodot ist – 250 Jahre später – beeindruckt von dem hohen Grad der Spezialisierung:

> *Jeder Arzt ist nur für eine Krankheit zuständig, nicht für mehrere. Alles ist voll von Ärzten. Denn die einen sind für die Augen zuständig, andere für den Kopf, wieder andere für die Zähne, den Unterleib, innere Krankheiten.*
> (2, 84).

## 7.3 Homer

Abb. 71: Marmorbüste des Homer, römische Kopie aus dem 2. Jh. n.Chr. (nach einem griechischen Original), Louvre, Paris

Von einem Arzt, der Verwundete rational und methodisch behandelte, berichtet Homer: Als Menelaos von einem Pfeil getroffen und verwundet wurde, forderte sein Bruder Agamemnon den Herold auf:

*Talthybios, so schnell wie möglich rufe Machaon*
*her, des trefflichen Arztes Asklepios Sohn, damit er*
*nach Menelaos sieht, dem streitbaren Sohn des Atreus,*
*den ein bogenkundiger Schütze mit dem Pfeil traf.*

Talthybios führt den Auftrag schnell aus und holt den Arzt.

*Als sie zu dem Ort gelangten, wo der blonde*
*Held Menelaos verwundet lag, ... zog er sogleich den*
*Pfeil aus dem kunstvoll gefertigten Gürtel heraus. Die scharfen*
*Haken brachen ab, als der Pfeil herausgezogen*

*wurde. Dann löste er ihm den strahlenden Gürtel, darunter Binde und Schurz, den Schmiede gefertigt hatten. Als er dann die Wunde sah, die Stelle, wo der spitze Pfeil ihn getroffen hatte, sog er das Blut an und streute kundig heilsame Kräuter darauf, die ihm Chiron, der dem Vater einst sehr wohlgesinnt war, gegeben hatte.*

(Il. 4, VV. 193–219 passim, vgl. auch 5, VV. 900–904).

Auf Asklepios führt sich das Geschlecht der *Asklepiaden* zurück, das darauf bedacht war, das ärztliche Wissen möglichst jeweils nur innerhalb der Familie an die Söhne weiterzugeben.

Abb. 72: Giacomo Brogi (1822–1881),
Büste des Menelaos, Vatikanische Museen

# 8 Die Ära des Hippokrates: Die Begründung der wissenschaftlichen Medizin

## 8.1 Der Eid

Es gibt eine Sammlung von ca. sechzig medizinischen Schriften, die unter dem Namen des Hippokrates überliefert worden sind: das sog. *Corpus Hippocraticum*.

Die ältesten Texte könnten von Hippokrates selbst stammen oder von ihm angeregt worden sein.

Eine erste Ausgabe entstand im 3. Jh. v.Chr. in Alexandria.

Noch bis in das 2. Jh. n.Chr. sind Artikel hinzugefügt worden.

Der Eid ist in den Schriften nicht enthalten.

Er wird erstmals im 1. Jh. n.Chr. bezeugt. Er ist möglicherweise in der zweiten Hälfte des 5. Jahrhunderts entstanden, aber im Lauf der Jahrhunderte ergänzt worden.

> *Ich rufe den Heilgott Apollon, den Asklepios, die Hygieia und die Panakeia, alle die Götter und die Göttinnen zu Zeugen meines Eides auf und beschwöre, daß ich diesen meinen Eid und diese Verpflichtung nach meinem Vermögen und Urteil erfüllen werde.*
>
> *Ich werde den, der mich diese meine Kunst gelehrt hat, in gleicher Weise wie meine eigenen Eltern ehren, werde mein Leben mit ihm teilen, und, wenn er Geld und Gut braucht, so soll er es von mir bekommen. Wie meine Brüder werde ich seine Nachkommen halten, ohne Lohn und Vertrag werde ich sie meine Kunst lehren, falls sie diese erlernen wollen. Guten Rat, Unterweisung und auch sonst die gesamte Wissenschaft werde ich meinen Söhnen und den Söhnen dessen, der mich gelehrt hat, erteilen, ebenso den eingeschriebenen und auf ärztlichen Brauch eingeschworenen Schülern, aber sonst keinem anderen.*
>
> *Auch werde ich nach meinem Vermögen und Urteil die Heilverfahren zum Nutzen der Kranken anwenden; ich werde die Kranken vor Schädigung und Nachteil bewahren.*

*Ich werde niemandem ein tödliches Gift verabreichen, auch wenn man dies von mir fordert, noch werde ich einen diesbezüglichen Rat erteilen. So werde ich auch nie einer Frau ein Mittel zur Vernichtung der Leibesfrucht geben.*

*In meinem Leben und in meiner Kunst will ich immer rein und fromm bleiben.*

*Ich werde auch keinen Steinkranken schneiden, sondern es den Männern überlassen, die sich darauf verstehen.*

*In welches Haus auch immer ich gehe, ich will es zum Heil der Kranken betreten, frei vom Gedanken an vorsätzliche Vergehen und schädliche Handlungen und besonders von dem Gedanken an geschlechtliche Betätigung an Männern und Frauen, Freien und Sklaven.*

*Wenn ich aber bei der Behandlung und außerhalb meiner ärztlichen Tätigkeiten im Leben meiner Mitmenschen etwas sehen oder hören werde, was man nicht weitererzählen darf, das will ich verschweigen in der Überzeugung, daß man solche Dinge als Geheimnis bewahren muß.*

*Wenn ich zu diesem Eid stehe und ihn nicht breche, sei es mir vergönnt, Glück im Leben und in der Kunst zu genießen, für immer geehrt von allen Menschen. Sollte ich aber diesen Eid brechen und meineidig werden, treffe mich alles, was das Gegenteil davon darstellt.*

(Nach den Übertragungen von Otto Schönberger und Hellmut Flashar).

Den Eid musste jeder angehende Arzt leisten, der nicht zu den Asklepiaden gehörte, die ihre Herkunft auf Asklepios, ja, auf Apollon zurückführten. Für sie gab es eine andere Formel. Der Quereinsteiger wurde in die Familie des Lehrers und damit der Asklepiaden aufgenommen. Er übernahm alle Pflichten, die damit verbunden waren, auch in finanzieller Hinsicht. Nicht alle Ärzte verfügten über ein sicheres Einkommen. Behandlungen waren normalerweise nicht kostenlos, es sei denn, es handelte sich um einen mittellosen Menschen. Dann verpflichtete die *Menschenliebe (philanthropéia)* den Arzt zur Hilfeleistung ohne Honorar. Familienmitglieder waren von der Zahlung eines Lehrgeldes befreit, das offenbar normalerweise fällig war. (vgl. auch Plat., Prot., 311 b).

Die Medizin war keine Geheimlehre: Jeder, der bereit war, zu Beginn seiner Ausbildung den Eid zu leisten und damit einen Lehrvertrag abzuschließen, war als Lehrling willkommen.

Die Lehre erfolgte nicht in theoretischer Unterweisung in der Form von Vorlesungen, sondern praktisch am Krankenbett.

Den Anfang des Eides bildet die Anrufung der Götter: Die Medizin bleibt der Religion verbunden. Außer den Heilgottheiten werden auch nicht namentlich genannte Götter einbezogen: *alle Götter und Göttinnen.*

Wenn von dem Arzt verlangt wird, dass er *nach seinem Vermögen und Urteil* handelt, so heißt das: Er muss seine Grenzen kennen und sich dessen bewusst sein, dass es Gebiete gibt, in denen er kein Fachmann ist und folglich nicht behandeln darf und nicht helfen kann. Zugleich wird ihm aber auch zugestanden, dass er sich trotz bestem Wissen und Können irren kann oder dass ihm Fehler unterlaufen. Es wird Kranke geben, denen er nicht wird helfen können. Dann wird er sich damit zufrieden geben müssen, ihnen wenigstens nicht – durch eine falsche Behandlung – zu schaden. Anders als in der Tempelmedizin wurden Schwerkranke nicht abgewiesen.

Der Arzt, heißt es weiter, darf niemandem ein tödliches Gift verabreichen, auch dann nicht, wenn er darum gebeten wird. Von wem gebeten? dem Kranken? einem Verwandten? einem Erbschleicher? Man wird aus dem Passus schließen können, dass die Bitte um Hilfe beim Suizid häufig an den Arzt herangetragen wurde, vielleicht auch, dass es nicht wenige Giftmörder gab, von denen er sich distanzieren will. Es spricht viel dafür, dass die Formulierung eher die Verhältnisse der römischen Kaiserzeit wiedergibt als die des 5. oder 4. Jh. v.Chr.

In der Gegenwart ist das Problem noch immer nicht einvernehmlich gelöst. Das Bundesverfassungsgericht hat die Beihilfe zum Suizid unter bestimmten Voraussetzungen für legal erklärt. (Urteil vom 26.2.2020). Auch das *Genfer Gelöbnis*, das 1948 von der Generalversammlung des Weltärztebundes verabschiedet und das 2017 überarbeitet worden ist, lässt sie zu und begründet es mit den unveräußerlichen *Menschenrechten und bürgerlichen Freiheiten – droits de l'homme et libertés civiques.*

Die Idee der Menschenrechte war der Antike zwar fremd, aber nicht der Gedanke, dass es geboten sein könnte, den leidenden

Patienten von seiner Qual zu erlösen. Galen von Pergamon (129–199 n.Chr.), ein sehr berühmter Arzt, Leibarzt der Kaiser Marc Aurel und Verus, plädiert dafür:

> *Ist es nicht scheußlich, wenn einer wegen seiner schweren Gicht seine eigenen Hände nicht gebrauchen kann und so auf einen anderen angewiesen ist, der ihm seine Nahrung zum Mund führt und ihm beim Stuhlgang den Hintern abwischt? Da wäre es nämlich besser, wenn man nicht völlig verweichlicht ist, tausendmal eher dem Tod den Vorzug zu geben, als in einem solchen Leben auszuharren.* (Hartwin Brandt: auch wenn ich darum gebeten werde, in: FAZ v. 7.2.2018, S. N 3).

Galen war ein glühender Anhänger des Hippokrates. Es ist sein großes Verdienst, dass er in seinen umfangreichen Werken das Wissen seiner Zeit, von dem großen Griechen ausgehend, zusammengefasst, dargestellt und so der Nachwelt überliefert hat.

Was die Behandlung der Steinleiden angeht, so gab es dafür Spezialisten. Der Eingriff war schmerzhaft und risikoreich. Das ist ein Sonderfall. Die hippokratischen Ärzte waren anerkannte und erfolgreiche Chirurgen.

Es gab keine Krankenhäuser, der Arzt wurde an das Krankenbett des Patienten oder der Patientin gerufen. Das Haus hatte – meist im ersten Stock – einen besonderen Bereich für die Frauen. Es war ein Privileg, ihn betreten zu dürfen. Der Begriff des *Geheimnisses*, das der Arzt wahren muss, verweist auf die Mysterien. Die Schweigepflicht bezieht sich sogar auf das, was der Arzt außerhalb seiner beruflichen Tätigkeit sieht und hört.

Sicher ist es ein weitverbreitetes Bedürfnis, anerkannt zu werden; aber über die Lebenszeit hinaus berühmt zu sein, ist ein typisches Anliegen des antiken Menschen; dass es in dem Eid auf den Wunsch, von *allen Menschen* anerkannt zu werden, ausgeweitet wird, ist ein hoher Anspruch, der für das Selbstbewusstsein der Ärzte spricht.

Die Selbstverfluchung für den Fall, dass der Eid gebrochen wird, gehörte zu jeder Eidesformel. Der Eid hatte in der Antike eine viel größere Bedeutung, als ihm heute zukommt.

Dass jeder Mensch, Frau und Mann, Sklave und Freier, Anspruch auf medizinische Versorgung hat, war durchaus nicht selbstverständlich in einer Zeit, in der Frauen den Männern untergeordnet waren und niemand die Institution der Sklaverei infrage gestellt hat. Aber schon der Gott Asklepios hat seine Hilfe allen Menschen zugesagt – lange, bevor der Eid formuliert worden ist. Todkranken hatte er allerdings den Zutritt zu seinen Heiligtümern verweigert. (cf. S. 141).

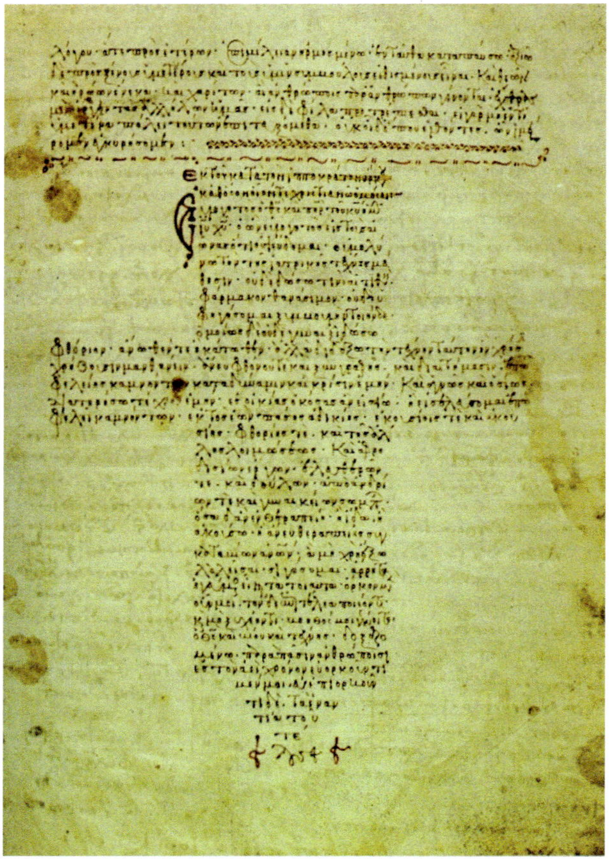

Abb. 73: Hippokratischer Eid auf einem byzantinischen Manuskript des 12. Jahrhunderts

Der Eid beginnt mit der Anrufung der Götter, und er endet damit, dass der Schwörende sich dem göttlichen Gericht unterwirft.

Im mittleren Teil wechseln positiv formulierte allgemeine ethische Grundsätze mit speziellen Verboten:

A1) Allgemeingültiger Grundsatz ärztlicher Ethik: *Ich werde die Heilverfahren zum Nutzen der Kranken anwenden; ich werde die Kranken vor Schädigung und Nachteil bewahren.*
B1) Verbote der Beihilfe zum Suizid und der Abtreibung.
A2) Allgemeiner Grundsatz ärztlicher Ethik: *Ich will rein und fromm bleiben.*

Dieser Satz steht in der Mitte des Textes.

B2) Verbot der Operation Steinkranker.
A3) Allgemeiner Grundsatz ärztlicher Ethik: *Ich will es* (jedes Haus) *zum Nutzen der Kranken betreten.*

Vor wem der Eid geleistet wurde, weiß man nicht: vor dem künftigen Lehrer? vor Mitgliedern der Familie? vor einer Kommission?

Heutzutage wird den Ärzten keine eidliche Verpflichtung mehr abverlangt. An ihre Stelle ist die Berufsordnung getreten.

## 8.2 Von der Kosmologie zur Empirie der medizinischen Wissenschaft

Die Naturphilosophen, die man als Vorsokratiker bezeichnet, waren die ersten, die den Kosmos, die Welt, zum Gegenstand ihres Interesses gemacht haben. Ihr Leben und Wirken umfasst die Zeit des 6. und 5. Jh. v.Chr. Sie fragten nach dem, was dem Sichtbaren, dem Werden und Vergehen, als seinem Wesen zugrunde liegt, und entwarfen Theorien, die die beobachtbaren Phänomene möglichst vollständig und rational in einfachen Gesetzen erfassten und erklärten. Die Deutungen der Mythen genügten ihnen nicht mehr.

Ihr Anliegen, die Welt mit der Vernunft zu begreifen, schloss den Glauben an eine Gottheit nicht aus, wohl aber jeglichen göttlichen Eingriff in die Abläufe, die nur den ihnen immanenten Regeln gehorchten.

Ihr Wirken hat sich auf die Volksfrömmigkeit und deren Ausdrucksformen nicht ausgewirkt. Praktischen Nutzen ihrer theoretischen Erkenntnisse strebten sie nicht an.

Abb. 74: Diego Velázquez (1599–1660): Demokrit,
oder Mann mit Globus, 1624, Musée des Beaux-Arts de Rouen

Die vorsokratische Naturphilosophie war eine wesentliche Vorstufe zur Entwicklung einer wissenschaftlichen Medizin, denn diese wollte wie jene die der Beobachtung entzogene Ursache aller Erscheinungen erforschen. Mit der gleichen Intention, mit der die Naturphilosophen sich mit dem Kosmos beschäftigten, wandten sich die Mediziner dem Menschen zu. Sie richteten – wie Cicero das Anliegen des zur gleichen Zeit in Athen lebenden Sokrates charakterisierte – den Blick statt zum Himmel auf die Erde. Dabei ging es ihnen aber im Gegensatz zu den Naturphilosophen um den praktischen Nutzen ihrer Erkenntnisse.

Aber auch Vorsokratiker haben sich für die Natur des Menschen interessiert. Der Pythagoreer Alkmaion von Kroton in Unteritalien (ca. 570–ca. 500) hat die Theorie entwickelt, dass Paare gegensätzlicher Kräfte für die Gesundheit bzw. Krankheit des menschlichen Körpers verantwortlich sind: das Feuchte und das Trockene, das Kalte und das Warme, das Bittere und das Süße. Die Anzahl der

Gegensatzpaare hat er nicht festgelegt. Gesund ist der Mensch, wenn die Kräfte im Gleichgewicht sind. Er hat das *Isonomie – Gleichberechtigung* genannt und von *Monarchie* gesprochen, wenn jeweils eine Kraft der Gegensatzpaare das Übergewicht gewinnt. Die hippokratische Schule hat den von ihm entwickelten Ansatz weiterentwickelt.

## 8.3 Lebensdaten des Arztes und die *Lehre von den vier Säften*

Über den so berühmten Arzt Hippokrates wissen wir nicht viel. Er hat von ca. 460 bis ca. 370 gelebt, war Koer von Geburt und ein Spross der Familie der Asklepiaden. Sein Lehrmeister war sein Vater. Er hat ausgedehnte Reisen unternommen und sicher in Astyphalaia, der damaligen Hauptstadt, praktiziert. Er ist sehr bald weit über sein Umfeld hinaus bekannt geworden. In Larissa in Thessalien ist er gestorben, wie eine Inschrift auf einem Grabmal bezeugt. (Anth. Gr., 7,135).

Er war ein Zeitgenosse der vielen Persönlichkeiten, die im perikleischen Zeitalter in Athen wirkten, des Georgias und des Protagoras, des oben erwähnten Sokrates, der Tragödiendichter Sophokles und Euripides, des Bildhauers Phidias.

Über den Stand der Medizin auch außerhalb Griechenlands dürften die Asklepiaden informiert gewesen sein, zumal der Wanderarzt Hippokrates.

Als einen Schlüssel zur Erklärung von Krankheitsursachen betrachtete man in seiner Schule die *Vier-Säfte-Lehre. Die gelbe Galle (cholé xanthé, cholera*, trocken und warm, entspricht dem Feuer), *die schwarze Galle (cholé mélaina, melancolica*, trocken und kalt, entspricht der Erde), *das Blut (haíma, lateinisch: sanguis*, feucht und warm, entspricht der Luft), und *der Schleim (phlégma*, feucht und kalt, entspricht dem Wasser). Gesundheit bedeutet, dass die Säfte mit je gleichem Anteil im Körper vorhanden sind (*eukrasía – richtige Mischung*), Krankheit, dass einer der Säfte das Übergewicht gewinnt (*dyskrasía*). Der in der antiken Ethik fundamentale Gedanke des Maßes ist auf den Körper übertragen worden.

Feuer, Erde, Luft, Wasser sind die Elemente, aus denen nach der Lehre des Naturphilosophen Empedokles aus Akragas (ca. 495–ca. 435 v.Chr.) der Kosmos besteht. Er nennt sie *Wurzeln*. (DK 17, VV. 18, 27). Die Medizin verbindet sich mit der Kosmologie.

Die Leibessäfte heißen im lateinischen *humores*, davon ist der Begriff der *Humoralmedizin* als der *Lehre von den vier Säften* abgeleitet.

Jetzt hatte man ein System, das erlaubte, die Ursache von Krankheiten zu diagnostizieren. Gottheiten, Schicksal, Zufälle schloss man als Ursachen aus, folglich auch Gebete, Opfer, Beschwörungen als Möglichkeiten der Heilung.

Der oben erwähnte Galen (cf. S. 161) hat später die Verbindung zu den vier Temperamenttypen, den Cholerikern, Melancholikern, Sanguinikern und Phlegmatikern, hergestellt.

In der hippokratischen Schrift *Über die Natur des Menschen* wird die Lehre verteidigt und begründet:

> *Ich aber sage, wenn der Mensch nur aus einem Grundstoff bestünde, würde er niemals krank werden. Denn es gäbe nichts, wodurch er krank werden könnte, wenn es nur einen Grundstoff gäbe. Und wenn er wirklich krank wird, müsste es auch nur ein einziges Heilmittel geben. Nun gibt es aber viele: Denn es gibt vier Säfte im Körper, die Krankheiten hervorbringen, wenn sie untereinander über das natürliche Maß hinaus sich erwärmen, abkühlen, austrocknen und feucht werden, so dass es viele Erscheinungsformen von Krankheiten gibt. Entsprechend ist auch die Heilung vielfältig.*
>
> (Kapitel 2, zitiert bei H. Flashar, a.a.O., S. 94).

Da die Störung des Mischungsverhältnisses bei den einzelnen Menschen in je verschiedener Form auftritt, wird das Interesse des Arztes auf das kranke Individuum gerichtet, dessen spezifische Symptome und Lebensumstände. Das ist neu in der Geschichte der Medizin. Jetzt wird auch die Frage relevant, was gesagt, was besser verschwiegen wird:

> *Richtig und unrichtig ist in eben dieser (Kunst) folgendes: Nicht richtig ist es, wenn man sagt, die Krankheit sei eine andere, als sie ist, wenn man eine schwere für leicht, eine leichte für schwer erklärt, wenn man von demjeni-*

*gen, der mit dem Leben davonkommen wird, sagt, er werde nicht davonkommen, und von demjenigen, der sterben muss, sagt, dass er nicht sterben werde.*

(Über Krankheiten, 1,6, zitiert bei F. Steger (2021), a.a.O., S. 155).

Der Arzt wird es zumal, wenn es um den Tod geht, von dem jeweiligen Zustand des kranken Menschen abhängig machen, ob er die Wahrheit sagt oder nicht, eine Herausforderung für jeden Arzt, heute wie damals.

## 8.4 Anamnese, Diagnose und Prognose

Großen Wert legte die hippokratische Medizin auf eine sorgfältige Anamnese als Voraussetzung für die Diagnose: Der Arzt muss sich über die Konstitution, Vorerkrankungen, Lebensgewohnheiten, das Schlafverhalten, die Symptome informieren, und er darf das Alter und das Geschlecht, sogar die Jahreszeit und das Klima nicht unbeachtet lassen. Er muss sich seiner Augen und Ohren, der Nase und Hand bedienen. Aufgrund seiner Erkenntnisse stellt er die Diagnose und trifft die Entscheidung für die Therapie. Er verfolgt den Krankheitsverlauf, den Erfolg oder Misserfolg der therapeutischen Maßnahmen und fertigt einen Bericht an. In diesen von der hippokratischen Schule eingeführten Methoden und Aufzeichnungen erweist sich die Medizin als eine auf empirischer Grundlage arbeitende Wissenschaft.

Sie fragt wie die moderne Medizin 1. nach dem Verlauf der Krankheit, 2. nach der Ursache, die sie hervorgerufen haben könnte, 3. nach den Möglichkeiten der Heilung.

Es gab keine experimentelle Forschung, keine Obduktionen. Von dieser Regel wichen zwei in ihrer Zeit sehr bekannte Ärzte ab: Erasistratos aus Kos und Hierophilos aus Chalkedon. Beide wirkten im 3. Jh. v.Chr. in Alexandrien und experimentierten an Leichen.

Drei Beispiele sollen eine Anschauung von der methodischen Sorgfalt vermitteln, mit der die Krankheitsberichte abgefasst wurden.

## Berichte

1. Text: Es wird notiert, wie man die Krankheit eines gewissen Skamandros – vergeblich – mit Schneiden, Wickeln und Medikamenten zu heilen versuchte und wie man vielleicht anders hätte verfahren müssen.

> *Die Hüfte wurde brandig, langwierige Abstoßung am Knochen. Man schnitt tief ein, sogar bis auf den Knochen, darauf brannte man aus. Da setzten am 12. Tag nach dem Einschnitt Krämpfe ein und steigerten sich. Das verletzte Bein bog sich bis zu den Weichen. Die Krämpfe griffen auch auf die andere Seite über: Das Bein bog sich und streckte sich und bewegte auch die anderen Glieder mit, die Kiefer waren zusammengepresst. Er starb unter Krämpfen am 8. Tage nach dem ersten Krampfanfall.*
>
> *Zur Behandlung hatte man ihm warme Lederschläuche als Wickel um den ganzen Körper gelegt und überall heiße Linsenwickel aufgelegt; nach einem Einlauf alter Kot in geringer Menge abgegangen. Er hatte auch die dunkelrote Arznei getrunken und hatte Stuhl gehabt, aber der Trank hatte keine Erleichterung gebracht. Er hatte kurze Zeit geschlafen, und, nachdem er am Abend wiederum die dunkelrote Arznei in konzentrierter Form getrunken hatte, war er bei Sonnenaufgang verstorben.*
>
> *Es scheint, er hätte längere Zeit durchgehalten, wäre nicht die Gewalt des Mittels gewesen.*
>
> (Über Epidemien, 5,15).

Aus dem Misserfolg konnte man lernen und Schlüsse ziehen.

2. Text: Besondere Beachtung hat man einer plötzlichen Verbesserung oder Verschlechterung geschenkt und von einer *Krise* gesprochen:

> *Tychon wurde bei der Belagerung von Danton von einem Pfeilgeschütz in die Brust getroffen, und kurz darauf verfiel er in ein verstörtes Lachen. Mir schien, der Arzt, der den Schaft herausgenommen hatte, habe das Eisen im Zwerchfell stecken lassen. Da der Patient Schmerzen hatte, verordnete er ein Klistier und ein Abführmittel. Die*

*erste Nacht verbrachte der Patient unter Schmerzen. Bei Tagesanbruch schien es dem Arzt und den anderen, es gehe ihm besser; er verhielt sich ruhig. Prognose: Wenn Krämpfe dazukommen, wird er rasch erliegen. In der folgenden Nacht: Unbehagen, Schlaflosigkeit; meist lag er auf dem Bauch. Am 3. Tag früh waren die Krämpfe da, um Mittag starb er.* (Über Epidemien, Kap. 15).

Abb. 75: Hippokrates, römische Kopie eines griechischen Originals, 3. Jh. v.Chr., Puschkin-Museum, Moskau

3. Text: Der folgende Text stellt den Bezug zur Vier-Säfte-Lehre her:

*Alle menschlichen Leiden sind die Wirkung der Qualitäten. Zum Beispiel: Wenn ein bitterer Saft – wir nennen ihn „gelbe Galle“ – sich aussondert, packen den Kranken Übelkeit, Brennen und Schwäche. Kann er sich dann des bitteren Safts entledigen – bisweilen erst durch Purgierung, mag sie nun von selbst oder durch Mittel erfolgen, wenn sie es nur im rechten Augenblick tut –, so schwinden auch die Schmerzen und die Wärme.*

(Über die alte Medizin, Kap. 19; Zitate: W. Müri, a.a.O., S. 105, 115, 177).

Abb. 76: Statue des Hippokrates, 1832–39 von Friedrich von Gärtner, Bayerische Staatsbibliothek, München

Von den Symptomen der Übelkeit, des Brennens, der Schwäche wird auf eine Ursache geschlossen und eine Therapie empfohlen.

Ein wichtiger Bereich der hippokratischen Medizin war die Lehre von der gesunden Lebensweise: *diaitetiké téchne*. Der Begriff der Diätetik hat sich verengt. Er bezieht sich auf die gesunde Ernährung.

*Dass infolge unzeitigen Fastens den Menschen nicht geringere Leiden befallen als infolge von Übersättigung, kann man am gesunden Menschen schon erkennen: Manchen Menschen bekommt eine einzige Mahlzeit am Tag am besten und, weil sie ihnen wohltut, befolgen sie diese Ordnung; für andere ist es ebenso notwendig, auch zu frühstücken; so schlägt es bei ihnen am besten an. Dann gibt es andere, die aus bloßer Lust oder aus zufälligen Gründen sich nach beiden Ordnungen richten. Für die meisten Menschen macht es nichts aus, ob sie die eine oder andere Gewöhnung annehmen, ob sie nur eine Mahlzeit nehmen oder dazu noch frühstücken. Wieder andere kommen, wenn sie von dem für sie Zuträglichen abweichen, nicht so leicht davon. Ein übermäßiges Unwohlsein befällt sie.* (Über die alte Medizin, Kap. 10; W. Müri, a.a.O., S. 161).

Auch hier wird ein Symptom, übermäßiges Unwohlsein, auf eine mögliche Ursache, die falsche Lebensweise, zurückgeführt.

Abb. 77: Kopf des Platon, römische Kopie, Glyptothek, München

So nahm die hippokratische Medizin den ganzen Menschen in den Blick. Von ihr spricht Platon in seinem Dialog *Charmides*, der im ersten Viertel des 4. Jh. v.Chr. entstanden ist:

> *Du hast vielleicht schon von guten Ärzten gehört, dass sie, wenn jemand zu ihnen mit Augenschmerzen kommt, sagen, sie könnten sich unmöglich daranmachen, allein die Augen zu heilen; es sei vielmehr notwendig, zugleich den ganzen Kopf zu behandeln, wenn die Augen gesund werden sollen; und es sei ganz unsinnig zu glauben, man könne den Kopf allein für sich behandeln, ohne den ganzen Körper zu therapieren.* (156b).

Die griechischen Stadtstaaten haben Ärzte in Dienst genommen. (Herodot, 3,131). In Athen wurden sie von der Volksversammlung gewählt. (Platon, Gorgias, 456 b/c).

Von einem außergewöhnlichen Wettkampf berichtet eine Inschrift aus Ephesos: Im Rahmen des Festes zu Ehren des Asklepios traten Ärzte in vier Disziplinen gegeneinander an. Wir kennen die Namen der Aufgaben, aber nicht ihren Inhalt: *próblema* (die Lösung einer theoretischen Aufgabe?), *sýntagma* (Herstellung von Arzneien?), *órgana* (die Erfindung/Optimierung von Geräten?), *cheirourgía* (Demonstrationen?).

Für die Organisation zeichnete eine ärztliche Kommission verantwortlich. (Josef Fischer, a.a.O.).

Es gab in der antiken Welt offenbar so gut wie kein Gebiet, das sich nicht für die Austragung eines Wettkampfes geeignet hat.

Bei aller Bewunderung für die Fortschritte, die die Medizin dem Hippokrates verdankt, darf man die Defizite nicht vergessen: Die Kenntnisse über die Anatomie und Physiologie waren gering. Man kannte weder den Blutkreislauf noch die Funktion des Herzens. Von der Bakteriologie wusste man nichts. Man hatte keine Normen, auf die man Daten hätte beziehen können: Man maß und wog nicht.

Bis ins 19. Jahrhundert ist man über die Vier-Säfte-Lehre nicht hinausgekommen. (cf. S. 169f.).

Von Hippokrates stammt der Aphorismus: *Das Leben ist kurz, die Kunst aber ist lang.* (1,1).

Seneca hat ihn ins Lateinische übersetzt: *Vita brevis, ars longa.*

*Lang – longa* will sagen: Die wissenschaftliche Medizin wird, so viele Fortschritte sie auch macht, nie aufhören zu forschen, auf neu auftretende Krankheiten zu reagieren, neue Entdeckungen zu machen, der Therapie neue Möglichkeiten zu eröffnen.

## 8.5 Die Analogie der Medizin- und Geschichtswissenschaft

Wendete sich der hippokratische Arzt dem Individuum zu, so galt das Interesse des Historikers Thukydides dem Verhalten des Kollektivs. Wie der menschliche Körper sich gleich bleibt, so, meinte er, verändere sich auch der menschliche Charakter nicht. In der Geschichte als einem Prozess sich wiederholender Ereignisse agiere der Mensch stets gleich. Deshalb schreibt Thukydides seiner Schrift über den Peloponnesischen Krieg, den Athen und Sparta gegeneinander geführt haben (431–404), eine exemplarische Bedeutung zu.

Abb. 78: Büste des griechischen Historikers Thukydides, Royal Ontario Museum, 2./1. Jh. v.Chr., römische Kopie eines älteren griechischen Originals

Die Erkenntnisse, die er durch Beobachtung des Verhaltens der Menschen in dieser Krise des Stadtstaates gewonnen hat, sind seines Erachtens typisch und auf ähnliche, sich wiederholende Ereignisse übertragbar. (1,22,4).

Gleich zu Beginn des Krieges brach in Athen eine Seuche aus. Ein Proömium leitet den Bericht ein:

> *Ich werde beschreiben, wie die Seuche verlief. Ich werde über die Symptome berichten. Beachtet man sie, dann dürfte man am ehesten in der Lage sein,* ***wenn die Seuche einmal wieder auftreten sollte****, die Entwicklung der Krankheit vorherzusehen und nicht unwissend zu sein. Ich war selbst krank und habe andere leiden sehen.*

Die Schilderung des furchtbaren Bürgerkriegs, der in Kerkyra (Korfu) wütete, beginnt folgendermaßen:

> *Durch den Aufruhr brach viel Schlimmes auf die Insel herein,* ***wie es geschieht und immer geschehen wird, solange sich die menschliche Natur gleich bleibt****, aber bald stärker, bald weniger stark und in unterschiedlichen Formen, wie die Wechselfälle der Umstände jeweils eintreten.* (3,82,2).

Wie der Mensch immer unter Krankheiten wird leiden müssen, so wird es immer Kriege geben. Kennt man die Geschichte, kann man ihren Verlauf vorhersehen und – vielleicht – beeinflussen.

Patrick Bahners schreibt in der FAZ vom 23.2.2022:

> *Über Thukydides und die Hoffnung, unvorhergesehene Situationen vor der Folie* ***wiederkehrender Konstellationen*** *begreifen zu können, ist die Analytik des politischen Handelns nicht hinausgekommen.* (S. 9).

# 9 Die moderne Medizin

## 9.1 Rudolf Virchow und die Geburt der modernen Medizin

In dem vorliegenden Kapitel geht es darum, zu zeigen, wann und wodurch sich die Medizin von der Humoralpathologie gelöst und in welch geradezu atemberaubendem Tempo sie sich entwickelt hat. Um die Entwicklung vollständig mit allen ihren Errungenschaften in Technik, Diagnostik und Therapie darzustellen, bedürfte es eines Buches statt eines knappen Resümees.

Abb. 79: Rudolf Virchow (1884),
Fotografie von Julius Cornelius Schaarwächter

Die Geburt der modernen Medizin wird auf das Jahr 1858 datiert, in dem Rudolf Virchows bahnbrechendes Werk *Die Cellularpathologie in ihrer Begründung als physiologische und pathologische Gewebelehre* erschien.

Seit dem 16. Jahrhundert hatte die Wissenschaft zwar große Fortschritte in Anatomie, Pathologie, Physiologie und Pharmakologie erzielt, die Erkenntnisse hatten aber keinen Eingang in die Praxis gefunden. Die Menschen starben an Infektionskrankheiten wie Tuberkulose, Typhus, Cholera, Milzbrand. Man behandelte die Kranken, nahm ihnen Blut ab oder verordnete Brechmittel, aber alles ohne Erfolg.

Rudolf Virchow schreibt:

> *Man war in seinen Heilerfolgen umso vollständiger zufrieden, als die von Laien und Gelehrten in schönster Eintracht geglaubte und gepredigte hohe Humoraltheorie auch die Misserfolge leicht erklärlich machte.*

Virchow lebte von 1821 bis 1902. Er war Ordinarius für Pathologie an der Charité in Berlin. Mit ihm beginnt die Ära der naturwissenschaftlich orientierten Medizin. Er formuliert:

> *Das Leben ist nur der Ausdruck für eine Summe von Erscheinungen, deren jede einzelne nach den gewöhnlichen physikalischen und chemischen (d.h. mechanischen) Gesetzen vonstatten geht.* (J. Kuroczik, a.a.O.)

## 9.2 Wesensmerkmale der modernen Medizin

- Die moderne Medizin orientiert sich an den Naturwissenschaften: Da in der Medizin wie in der Biologie, Physik und Chemie eine natürliche Kausalität waltet, seien, so Virchow, die Prozesse im Körper erklärbar und vorhersagbar.

  In diesem Anspruch der Diagnostik und Prognostik stimmte die moderne Medizin mit dem des Hippokrates überein. Der Paradigmenwechsel lag in der Abwendung von hypothetisch-philosophischen Annahmen und der Hinwendung zu unbestreitbaren, beweisbaren Fakten. Jetzt war man sicher zu wissen, dass die

Zelle *das wirkende Element des lebenden Körpers* und folglich auch die Ursache der Krankheiten war.

- Die moderne Medizin ist eine Experimentalwissenschaft: Es gibt kein Tabu mehr, das verbietet oder verhindert, an Tieren zu experimentieren und Leichen von Menschen zu sezieren.
- Die moderne Medizin bedient sich technischer Geräte: Das Mikroskop wurde zu einem wichtigen Instrument der Forschung. Dieses und andere neue Geräte erlauben genaue Messungen, ermöglichen Vergleiche und Statistiken. Durch die Entwicklung der Technik werden die Verfahren der Diagnostik ständig verfeinert: Röntgenstrahlen, Computertomographie, Sonographie, Magnet-Resonanz-Tomographie, Szintigraphie.

Abb. 80: Robert Koch, Fotogravur nach einer Fotografie von Wilhelm Fechner, um 1900

- Durch die Transplantationschirurgie, die Gentechnologie und Gentherapie und die Chemotherapie eröffnen sich ganz neue Möglichkeiten der Heilung.

  Kritiker fragen, ob die High-Tech-Medizin nicht Gefahr läuft, den Menschen als Menschen aus dem Blick zu verlieren und ihn zu einem Objekt der Apparate zu machen.

- Die Bakteriologie, deren Hauptvertreter Robert Koch (1843–1910) und Louis Pasteur (1822–1895) waren, identifiziert spezielle Erreger als Ursache bestimmter Krankheiten: Diphtherie, Tuberkulose, Lepra, Pest, Syphilis, Gonorrhoe, Milzbrand. Man fand heraus, mit welchen Mitteln man sie bekämpfen konnte. So erwies sich das 1928 von dem englischen Mediziner und Bakteriologen Alexander Fleming entdeckte Penicillin als äußerst wirksame Therapie bakterieller Infektionen.

Abb. 81: Louis Pasteur, Studioaufnahme von Paul Nadar, erstellt 1895

Abb. 82: Alexander Fleming, in seinem Labor in St Mary's, Paddington, London (1943)

- Ein bedeutender Fortschritt der Medizin besteht darin, dass man durch prophylaktische Impfungen den Ausbruch von Krankheiten verhindern oder sie in ihrem Verlauf abmildern kann.

  Die Coronapandemie hat allerdings den Optimismus, Infektionskrankheiten ausrotten zu können, als illusorisch erwiesen. Die Mikroben entwickeln eine Resistenz gegen die Bekämpfungsstrategien. Der Mensch hat zwar Erfolge erzielt, er hat zum Beispiel Lepra und Pocken ausgerottet, aber einen endgültigen Sieg wird er nicht erringen.

- Die vielfältigen und hohen Anforderungen, die die neuen Methoden und Möglichkeiten der Diagnostik und Therapie stellen, haben zur Spezialisierung geführt. Es gibt Ärzte, die jeweils für Kinder, Frauen und alte Menschen, für jedes der vielen Organe, für Knochen und Muskeln und für die Medizintechnik zuständig sind. Die Gendermedizin gewinnt zunehmend an Bedeutung. Der Allgemeinmediziner sieht am ehesten noch den ganzen Menschen.

## 9.3 Das Erbe des Hippokrates

Im Blick in die Zukunft lässt sich vorhersehen: Die Technik wird sich weiterentwickeln, die künstliche Intelligenz wird neue Horizonte eröffnen. Krebs und Demenz werden eines Tages heilbar sein, aber es werden neue Krankheiten entstehen, die die Menschheit vor neue Herausforderungen stellen.

Der weise Grieche Solon, Politiker und Dichter (ca. 640–ca. 560) hat schon um 600 v.Chr. nüchtern festgestellt:

> *Ärzte kennen die Kunst des heilmittelreichen Paiaon,*
> *doch es ist nicht gewiss, ob die Heilung erfolgt.*
>
> (D.-K. 1, VV. 57/58).

Es steht zu befürchten, dass die fortschreitende Technisierung das Gesundheitswesen finanziell überfordern wird. Noch gibt es in unserem Land eine Therapie für alle, eine Zuwendung zu jedem Kranken, auch zu dem, der alt, gebrechlich, chronisch oder unheilbar krank ist. Wird es so bleiben? Es gibt Länder, in denen schon heute Kranke ab einem bestimmten Alter von Therapien ausgeschlossen werden.

Die hippokratische Medizin erhob den Anspruch, allen ohne Unterschied dienen zu wollen, unabhängig vom Alter, vom Geschlecht, vom sozialen Status. Sklaven wurden nicht anders behandelt als Freie. Die Ärzte waren offenbar mit einem Honorar zufrieden, das die finanziellen Möglichkeiten der Menschen nicht überforderte.

Nun wird niemand erwarten, dass die Leistungen des Gesundheitswesens kostenlos sind, aber sie sollten bezahlbar sein und von jedem und jeder in Anspruch genommen werden können.

Auch in anderer Hinsicht lohnt der Blick zurück zu Hippokrates:

Er sollte die Medizin auf ihrem Weg in die Zukunft daran erinnern, dass die Kenntnisse und Fähigkeiten der Ärzte begrenzt sind, und daran, dass sie es jeweils mit einem Menschen als einem Individuum, das heißt, einem unteilbaren Wesen, zu tun hat. Für den modernen Mediziner bedeutet das, dass er auch die sozio-kulturelle Prägung des Patienten/der Patientin bedenken muss. In diesem Sinn wird die Forderung erhoben, das Physikum durch ein spezifisches Philosophikum zu ergänzen. So würde die Medizin wieder in den philosophischen Kontext eingebunden, von dem sie ihren Ausgang genommen hat, freilich mit den Fragen, die die moderne Medizin generiert. (J. Königshausen a.a.O.).

Die Medizin wird sich auch die Frage stellen müssen, ob sie alles will, was sie kann. Gott hat, so lesen wir in der Bibel, den Menschen nach seinem Bilde erschaffen. Heute könnten wir ihn nach unserem, des Menschen, Bild schaffen. Können wir es verhindern, selbst wenn wir es wollen? Können wir die Geister, die wir riefen, bannen? Welche Eigendynamik entwickelt der Wille zum Fortschreiten, welches Ziel strebt er an? Ethik der Medizin ist ein wichtiges Anliegen. An vielen deutschen Universitäten gibt es einen Lehrstuhl für die Geschichte und Ethik der Medizin.

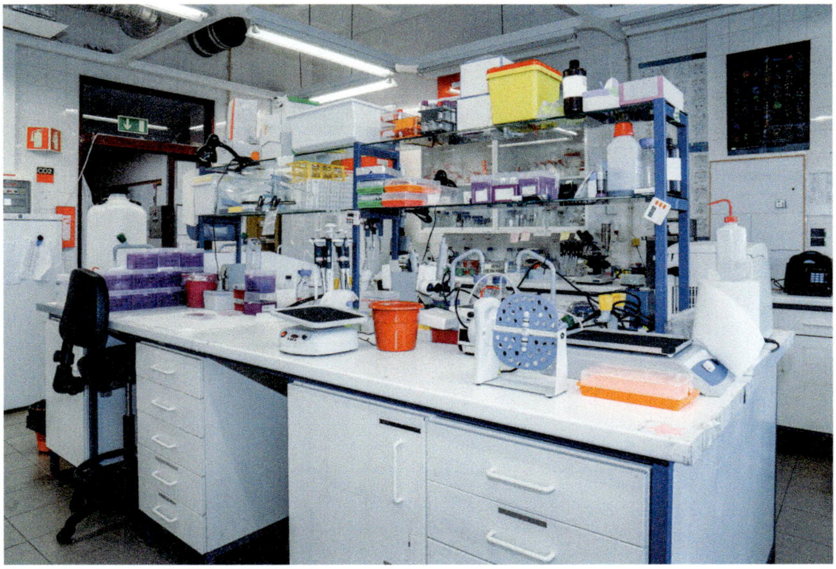

Abb. 83: Innenraum eines modernen Labors

Abb. 84: Lage der Insel Patmos im Ägäischen Meer

# Patmos und die Apokalypse des Johannes

## 1 Die Geschichte der Insel und des Klosters des Agios Johannes Theologos

Keine Frage, es ist verlockend, viele Tage auf der Insel zu verbringen, in den Gassen der kleinen und größeren Orte zu schlendern, in gemütlichen Cafés und Tavernen zu verweilen, sich von den vielfältigen Warenangeboten der Geschäfte und Boutiquen verführen und – nicht zu vergessen – zu einem Bad im Meer verlocken zu lassen.

Aber auch ein Tagesausflug lohnt sich: einzutauchen in die Welt eines berühmten Klosters und auf das zu hören, was Johannes, der Theologe, am Ende des 1. Jh. n.Chr. seinen Zeitgenossen in den kleinasiatischen Metropolen zu sagen hatte und darüber nachzudenken, was es für uns bedeuten könnte.

Da das antike Erbe und die christliche Religion Wurzeln sind, aus denen sich unsere abendländische Kultur entwickelt hat, bietet sich ein Besuch auf Patmos als eine sinnvolle Ergänzung zu dem Aufenthalt auf Kos an. Es ist ein Weg von der Kultur der Antike in die Glaubenswelt des Christentums, von Asklepios zu Christus, von dem Retter des je einzelnen zu dem Retter der Menschheit, von dem Heiler des Körpers zum Heiler der Seele.

Die Schiffsfahrt dauert ca. 2,5 Stunden. Dann ist man auf Patmos, der kleinsten und am weitesten nördlich gelegenen Dodekanes-Insel. Sie ist vulkanischen Ursprungs, 12 km lang und 300–5000 m breit, 34,14 $m^2$ groß und zählt ca. 3000 Einwohner. Ihre höchste Erhebung misst 269 m.

Man landet in einem in einer natürlichen Bucht gelegenen Städtchen, das *Skala – Treppe* – heißt, weil es ursprünglich nur der Ausgangsort für den Aufstieg zu dem Kloster des Heiligen Johannes war. Inzwischen hat es sich zu ansehnlicher Größe entwickelt. Stattliche Verwaltungsgebäude stammen aus der Zeit der Italiener. Hier starten wir mit unserer Exkursion, unser Ziel ist das Kloster.

Abb. 85: Blick über die Insel mit der Ortschaft Skala

Wir beginnen mit einem Überblick über die Geschichte:

- Die Insel war seit der Bronzezeit, d.h. seit dem 2. Jahrtausend v.Chr., besiedelt. Es war die Epoche, in der auf Kreta in der ersten Hälfte die minoische, in der zweiten die mykenische Kultur blühte.
- Über die Antike gibt es nicht viel zu berichten: Die von Dorern bewohnte Insel kam unter den Einfluss der kleinasiatischen Stadt Milet, die von Joniern besiedelt war. Milesier ließen sich auf Patmos nieder und vermischten sich mit der alteingesessenen Bevölkerung.

  Die Hauptstadt lag damals auf der 100 m hohen Kuppe Castelli nördlich des Johannes-Klosters. Ruinen der alten Stadtmauer sind erhalten.
- Zur Zeit der Römer war die Insel wegen ihrer Armseligkeit ein Verbannungsort für Unruhestifter. Nach der altchristlichen Überlieferung wurde Johannes, der Verfasser der Apokalypse, dorthin verbannt, als Domitian Kaiser war (81–96 n.Chr.). Er gehörte sicher zu den Christen, die dem Kaiser die kultische Verehrung als Gott verweigerten. Und er hat sicher nicht geschwiegen, sondern auch die anderen Gläubigen dazu aufgefordert, seinem Beispiel zu folgen.

Die moderne Forschung erwägt die Möglichkeit, dass er sich aus eigenem Antrieb in die Einsamkeit der Insel zurückgezogen hat. Dass er auf Patmos die *Apokalypse* verfasst hat, bezeugt er selbst. (1,9).

Abb. 86: Die Heilige Höhle der Apokalypse (Offenbarungsgrotte)

Als Ort der Entstehung der Apokalypse gilt eine Felshöhle in einem zwischen Skala und dem heutigen Hauptort Chora gelegenen ***Kloster der Apokalypse***. Sie ist in eine Kirche integriert, deren Raum zweigeteilt ist: Ein Teil ist der Heiligen Anna, ein anderer dem Johannes geweiht. Die Fremdenführer(innen) zeigen in den Felsformationen der Johanneskapelle gerne das Kopfkissen des Heiligen und den Ort, an dem sein Schüler Prochoros den Text niedergeschrieben hat, den sein Lehrer ihm diktierte. Die Menschen haben es sich offenbar nicht anders vorstellen können, als dass ein so rätselhaftes Werk wie die Apokalypse in einer so weltabgewandten Höhle entstanden ist. Wer weiß, ob sie nicht recht hatten?

- Seit dem 7. Jahrhundert häuften sich die Überfälle der Araber. Sie führten dazu, dass die Menschen nach und nach die Insel verließen. Sie begann zu veröden.

– Sie erfuhr erst wieder einen Aufschwung, als Kaiser Alexios I. aus dem Geschlecht der Komnenen (1081–1118) im Jahr 1088 dem inzwischen seliggesprochenen Abt Christodoulos (*Diener Gottes*) in Erinnerung an den heiligen Johannes die Insel zum Geschenk machte.

Abb. 87: Porträt des byzantinischen Kaisers Alexios I. Komnenos in der *Panoplia Dogmatica* von Euthymios

Abb. 88: Abt Christodoulos von Patmos, geb. im 11. Jh. in Nicäa, gestorben 1093

Christodoulos stammte aus Nikaia/Nicäa. Er war ein gelehrter Mönch und hatte nach ereignisreichen Jahren schließlich ein Kloster auf Kos gegründet. Derselben Aufgabe widmete er sich nun auf Patmos. Er errichtete das ***Kloster des Heiligen Johannes Theologos*** über dem Grab des Johannes auf der höchsten Erhebung, dem Profitis-Elias-Hügel. Den heiligen Propheten hatte man über den Ruinen eines Artemis-Tempels und einer frühgriechischen Basilika aus dem 4. Jahrhundert bestattet. Man wahrte die Heiligkeit des Ortes, wie es so oft in der Religionsgeschichte geschehen ist. (cf. S. 127, 135).

Im 12. Jahrhundert zählte das Kloster 150 Mönche, die Zahl stieg sehr schnell auf über 300.

Abb. 89: Kloster des Heiligen Johannes des Theologen

Bis zum 17. Jahrhundert wurde der Bau ständig erweitert und befestigt, sodass er heute den Eindruck einer Burg vermittelt. Er ist mit einer Mauer umgeben.

Betritt man den Klosterbereich, so fallen über dem Eingangsbereich zwei Balkone auf. Sie tragen die Namen *Phoniás – Mörder* und *Zematístria – Verbrennerin*, weil man von ihnen kochendes Öl und geschmolzenes Blei auf Angreifer hinuntergegossen hat, die in das Kloster einzudringen versuchten.

Der Eingang führt in den Klosterhof. Er ist auf zwei Seiten, im Norden und Westen, von den weißen Mauern der Mönchszellen, im Süden von einem zweistöckigen Arkadengang aus dem Jahr 1698 und im Osten von dem Exonarthex der Kirche, der mit zahlreichen antiken Spolien errichtet worden ist, begrenzt.

Über dem Eingang zur Kirche hängt ein Holzbalken, das sog. Simantron (griechisch *séma – Zeichen*), an das geschlagen wird, um die Mönche zum Gebet zu rufen. Die Sitte soll, heißt es, an Noah erinnern, der mit Schlägen auf sein Boot die Tiere angelockt habe, die er retten wollte.

Die Innenausstattung der Kirche stammt aus dem 19. Jahrhundert. Beachtenswert sind Fresken aus dem 12. Jahrhundert, die man 1958 in der Kapelle der *Theotókos – Gottesmutter* (zu *tókos – Geburt*) im südlichen Teil der Kirche freigelegt hat. Die übrigen Fresken, die die Legende des Johannes und das Jüngste Gericht darstellen, stammen aus dem 18./19. Jahrhundert, die Ikonostase ist 1820 geschaffen worden.

Die Kirche entspricht dem Typ einer Kreuzkuppelkirche mit vier Säulen, die aus der Antike stammen und am Ort gefunden worden sind. Ihre Eingangspforte ist mit antiken und frühchristlichen Spolien geschmückt. Der Fußboden mit Mosaikeinlagen stammt aus der Gründerzeit (12. Jh.).

Das Kloster war reich, es genoss Privilegien, zum Beispiel die Befreiung von Steuern, und es besaß Besitzungen unter anderem auf dem kleinasiatischen Festland und auf Kreta. Die Urkunden mit den kaiserlichen Goldsiegeln, sog. *Chrysobullen*, dokumentierten die Rechte und Schenkungen; sie sind noch erhalten. Die Besitzungen wurden nach dem 1. Weltkrieg im Zuge einer Bodenreform enteignet.

Abb. 90: Mosaik Johannes' des Theologen über der Eingangstür der Kirche

Es ist eine der bedeutendsten heiligen Stätten Griechenlands, ein viel besuchter Wallfahrtsort, und birgt einen von einer russischen Zarin im 19. Jahrhundert gestifteten Sarkophag, in dem die Reliquien des Stifters ruhen.

Ein Juwel ist die Bibliothek. Christodoulos hatte wertvolle Handschriften vor den Türken gerettet, nach Patmos mitgebracht und dafür gesorgt, dass der Bestand ständig erweitert wurde. Er umfasst mehr als 3 000 Bücher. Die Mönche waren gehalten, Abschriften anzufertigen. Zum Inventar gehören das Werk des aus Sizilien stammenden griechischen Historiographen Diodor (1. Jh. v.Chr.) aus dem 10. Jahrhundert, Blätter des Markusevangeliums aus dem 6. Jahrhundert, ein mit Miniaturen geschmücktes, kommentiertes Buch Hiob aus dem 8. Jahrhundert und Predigten des Gregor von Nazianz (ca. 280–374) aus dem Jahr 941, Zeugnisse der beeindruckenden byzantinischen Kalligraphie. Viele wertvolle Handschriften befinden sich heute in den Museen europäischer Städte, im Vatikan in Rom, in Wien, in London und Athen, darunter ein Platontext aus dem 9. Jahrhundert.

Im 19. Jahrhundert ist die Bibliothek von zahlreichen Gelehrten aufgesucht worden, hauptsächlich Klassischen Philologen und Byzantinisten aus Deutschland.

Das Refektorium (*Trápeza – Tisch, Bank*) aus dem 12./13. Jahrhundert ist ein schöner rechteckiger Kuppelsaal mit vier Marmortischen. Die Wandmalereien zeigen die Wundertaten und die Leidensgeschichte Christi.

Ein Gang durch das Klostermuseum ist empfehlenswert. Hier kann man prunkvolle Handschriften bewundern, außerdem enthält es nach dem Athos, der Mönchsrepublik auf der Chalkidiki in Nordgriechenland, die reichste Sammlung kirchlicher Geräte und Gewänder, Schenkungen des Kaisers Alexios I. und Stiftungen frommer Christen, unter anderem die Tiara des Kaisers.

Patmos war im Mittelalter ein Kulturzentrum, das auf den gesamten Mittelmeerraum ausstrahlte.

- Nach dem 4. Kreuzzug kam die Insel 1207 unter die Herrschaft Venedigs.

- Als 1453 Konstantinopel von den Türken erobert wurde, suchten viele Flüchtlinge Schutz auf der Insel. Sie wurden unterhalb des Klosters in dem im 12. Jahrhundert gegründeten Ort Chora/ Patmos angesiedelt.

- 1461 nahm Papst Pius II. die Insel und das Kloster unter seinen Schutz und drohte Plünderern die Exkommunikation an.

- 1537 fiel auch die Insel den Türken zum Opfer. Die Invasoren begnügten sich mit Tributzahlungen, die Privilegien tasteten sie nicht an.

- 1659 plünderten und verheerten die Venezianer unter Francesco Morosini die Insel. Der Raubzug galt den Türken. Der Doge versuchte verzweifelt und letztlich vergeblich, die Türken an der Eroberung Kretas zu hindern. 1669 musste sich die Insel ergeben. Damit wurde das Kloster auf Patmos einer wichtigen Einnahmequelle beraubt; der Verlust wurde aber durch Spenden und Stiftungen reicher und großzügiger Christen ausgeglichen, ein Beweis für die große Bedeutung, die die Gläubigen dem Kloster beimaßen. Wieder war die Insel das Ziel vieler Flüchtlinge, diesmal aus Kreta.

- Im 18. Jahrhundert erlebte Patmos einen wirtschaftlichen Aufschwung. Es wurden Handelsbeziehungen nach Alexandrien, Jaffa, Rom, Venedig, Süditalien, Russland und zu Städten in Deutschland geknüpft. Die Handelsflotte war eine der stärksten in der Ägäis. In Chora wurden prachtvolle Herrenhäuser, *Archontiká*, von reichen Reedern und Händlern erbaut. Sie wurden in der letzten Zeit fachgerecht restauriert und werden an Touristen vermietet.

- 1713 wurde in der Nähe des Apokalypsis-Klosters ein Priesterseminar gegründet, das sich zu einer wichtigen Ausbildungsstätte entwickelte und bis in die Mitte des 19. Jahrhunderts als vorbildlich galt. Auf dem Lehrplan standen auch Philosophie und Theologie des Abendlandes. Es unterstand wie auch das Kloster dem Patriarchen von Konstantinopel.

  Reiche Kaufleute gehörten zu den Gründern der *Philikí Etairía* in Odessa, eines 1814 ins Leben gerufenen *Freundesbundes*, dessen Ziel die Befreiung Griechenlands von der Türkenherrschaft war.

Abb. 91: Porträt des Byzantinisten Karl Krumbacher

– Auf die Blütezeit folgte im 19. Jahrhundert ein rascher Verfall. Für diese Zeit besitzen wir in dem Reisebericht Karl Krumbachers (1856–1909), der in München mittelalterliche und moderne griechische Sprache und Literatur lehrte und den Fachbereich der Byzantinistik begründet hat, ein lesenswertes Zeugnis, sein Buch mit dem Titel *Griechische Reise*, das 1866 erschienen ist. (cf. S. 57). Er vermittelt ein lebendiges Bild verschiedener Bereiche des damaligen Lebens.

Über die Lebensverhältnisse schreibt er:

Während ein großer Teil der männlichen Bevölkerung auswanderte, bemühten sich die Frauen, für den Lebensunterhalt der daheim gebliebenen Familienmitglieder zu sorgen:

> *Ich weiß ... das Eine bestimmt zu sagen, dass sämtliche weiblichen Bewohner ... den größten Teil des Jahres hindurch den ganzen Tag über und oft bis tief in die Nacht den Strickstrumpf unter den Händen haben.*

Die Wolle wurde aus der Türkei bezogen. Die Strümpfe waren beliebt, nicht nur auf Patmos.

Über die Nutzung der Herrenhäuser erfahren wir:

> *Gegenwärtig wohnen die meist verarmten Erben in diesen schönen Räumen. Manches ist auch veräußert worden, doch bleiben die Bilder und Möbel meist am ursprünglichen Platze, vielleicht nur deshalb, weil jetzt niemand derlei kauft. Mich überkam immer ein peinliches Gefühl beim Besuch dieser Wohnstätten, wo man Blüte und Verfall einer in sich abgeschlossenen alten Gemeinde so von den Wänden herab studieren kann.*

Über die Gründe des Verfalls macht sich Karl Krumbacher Gedanken:

Die Mönche machten die Entwicklung der Dampfschifffahrt für die Armut verantwortlich, die Gegner gäben dem Kloster die Schuld: Es habe die Menschen in Abhängigkeit gebracht und ihre Tatkraft gelähmt, *und so sei der Wohlstand allmählich gesunken*. In der Tat, sagt Krumbacher, übe das Kloster *eine Art von geistiger Herrschaft über die ganze Insel aus*.

Er sieht die Ursache des Niedergangs in der Vernachlässigung der Bildung. Das Kloster, meint er, sei verpflichtet, dieser Entwicklung Einhalt zu gebieten.

> *Freilich hatte ich zuweilen das Gefühl, als ob die Gesamtheit der Klöster dem geistigen Fortschritt der Bewohner feindlich gegenüber stehe.* (a.a.O., S. 171–179).

Eine Bestätigung der These wird man vielleicht in der Tatsache finden, dass es noch in der zweiten Hälfte des 20. Jahrhunderts in Griechenland Demonstrationen von Klerikern gegeben hat, als in den Schulen die Evolutionstheorie Darwins gelehrt werden sollte.

- Die Herrschaft der Türken endete 1912, als Patmos unter die Herrschaft der Italiener kam.

- Seit 1947 gehört die Insel zu Griechenland. Sie steht unter Denkmalschutz und führt seit 1983 offiziell den Namen *Heilige Insel*. 1999 wurden die Altstadt von Chora, das Kloster Agios Johannes Theologos und das Apokalypsis-Kloster zum Weltkulturerbe erklärt.

Abb. 92: Hans Memling (1430–1494): Hl. Johannes der Evangelist, schaut auf Patmos die Visionen der Offenbarung, Triptychon, Altarbild 1479, Memling Museum, Brügge

## 2 Der Wunsch, *dort einzukehren und der dunklen Grotte zu nahn.*

### Friedrich Hölderlin: Patmos

*Patmos* ist der Titel des Gedichtes, das Friedrich Hölderlin 1803 verfasst hat. Der Anfang wird häufig zitiert:

*Nah ist*
*und schwer zu fassen der Gott.*
*Wo aber Gefahr ist, wächst*
*das Rettende auch. ...*
*Es rauschen aber um Asias Tore*
*hinziehend da und dort*
*in ungewisser Meeresebene*
*der schattenlosen Straßen genug,*
*doch kennet die Inseln der Schiffer,*
*und, da ich hörte,*
*der nahe gelegenen eine*
*sei Patmos,*
*verlangte mich sehr,*
*dort einzukehren und dort*
*der dunklen Grotte zu nahn.*
*Denn nicht wie Zypern,*
*die quellenreiche, oder*
*der anderen eine*
*wohnt herrlich Patmos,*
*gastfreundlich aber ist*
*im ärmeren Hause sie dennoch.*
*Und wenn vom Schiffbruch oder klagend*
*um die Heimat oder*
*den abgeschiedenen Freund*
*ihr nahet einer*
*der Fremden, hört sie es gern. ...*
*Wir haben gedienet der Mutter Erd'*
*und haben jüngst dem Sonnenlicht gedient,*
*unwissend, der Vater aber liebt,*

*der über allen waltet,*
*am meisten, dass gepfleget werde*
*der feste Buchstab und Bestehendes*
*gedeutet. Dem folgt deutscher Gesang.*

Abb. 93: Friedrich Hölderlin (1770–1843),
Pastell von Franz Karl Hiemer, ca. 1792, Schiller-Nationalmuseum
und Deutsches Literaturarchiv, Marbach am Neckar

Nach den Eingangsversen erzählt der Dichter davon, dass er sich vorstellt, er werde von einem Genius aus seinem Haus auf das Meer entführt. Er erblickt das glänzende und reiche Asia, aber Asia lockt ihn nicht, er entscheidet sich lieber für das *ärmliche*, aber *herrliche* und *gastfreundliche* Patmos. Die Insel nehme jeden auf, der Schiffbruch erlitten hat, der – wie der heilige Johannes – aus der Heimat vertrieben worden ist, der um einen *abgeschiedenen Freund* trauert. Dort, in Patmos, möchte der Dichter *einkehren und der dunklen Grotte nahen*.

In den folgenden Versen bringt er den Wunsch zum Ausdruck, dem gottgeliebten Seher zu begegnen, in dem er den Jünger Jesu erkennt. Mit ihm gedenkt er des Lebens und Todes Christi, des Pfingstwunders, der Himmelfahrt. Christus ist entschwunden, aber zurückbleibt statt seiner der Geist, sein Geist, bis er dereinst selbst wiederkommen wird.

Hölderlin meint, die Menschen hätten sich verführen lassen von der *Erde*, der antiken Göttin *Gaia*, und von dem *Sonnenlicht*, dem Licht der Aufklärung. Er mahnt sie, sich Gottes Wort zuzuwenden, dem *festen Buchstaben*, den es zu deuten gilt. Das hat Johannes getan, und das tut er mit seiner Hymne.

Abb. 94: Kleinasien mit den sieben Gemeinden,
an die die „Sieben Sendschreiben der Apokalypse“ gerichtet sind,
die in der Offenbarung des Johannes überliefert sind

# 3 Die Apokalypse des Johannes

## 3.1 Einleitung

Die *Apokalypse*, d.h. die *Offenbarung*, ist das letzte Buch der Bibel. Es ist ein Rundbrief, den der Autor, Johannes, in der Tradition der Briefe des Paulus an sieben christliche Gemeinden in Kleinasien richtete. Nach welchen Gesichtspunkten er die Gemeinden ausgewählt hat, sagt er nicht. Die Sieben steht als die Zahl der Planeten und Wochentage für Vollständigkeit, die sieben Gemeinden repräsentieren alle Gemeinden in Kleinasien, mehr noch: die christliche Kirche in ihrer Gesamtheit. Dieser Johannes ist weder, wie die frühen Christen glaubten und der Maler Hans Memling glaubt, mit dem Verfasser des Evangeliums und der Briefe noch mit dem Lieblingsjünger Jesu identisch. Er ist vermutlich ein palästinensischer Judenchrist, ein besitzloser Wanderprediger, ein Prophet. Er beruft sich auf kein Amt, keinen Auftrag.

Er hat, wie er selbst schreibt, die Apokalypse auf Patmos verfasst. Dort hat er gelebt, sei es, wie die frühen Christen glaubten, als Verbannter, sei es, dass er sich aus eigenem Antrieb in die Abgeschiedenheit zurückgezogen hat. (cf. S. 184/185).

Im Hinblick auf die Lebenszeit des Johannes und die Abfassungszeit des Textes gehen die Meinungen weit auseinander; sie reichen von ca. 70 bis in die Regierungszeit des Kaisers Trajan (98–117), ja, bis in die Anfangsjahre der Herrschaft Hadrians (117–138). Im Allgemeinen folgt man mit guten Gründen der Überlieferung, dass die Schrift entstanden ist, als Domitian Kaiser war (81–96), wahrscheinlich im Jahr 95.

Dafür, dass er, wie es heißt, von Kaiser Nerva (96–98) begnadigt worden sei und bis zu seinem Tod in Ephesos gelebt und gewirkt habe, gibt es keinerlei Anhaltspunkte.

Zur Zeit Domitians gab es keine offizielle Christenverfolgung. Trotzdem lebten die christlichen Gemeinden seit ihrer Gründung bis zum Toleranzedikt des Kaisers Konstantin (312) in ständiger Angst und Bedrängnis. Einerseits verlangte der Kaiser, der Herr des Imperiums und Repräsentant des Vielvölkerstaates, von den Bürgern kultische Verehrung als Ausdruck ihrer Loyalität, andererseits verlangte das Christentum die Anerkenntnis Christi als ihres einzigen Herrn und Gottes. Wer sich dem Ansinnen des Staates widersetzte, brachte sich in Gefahr. In dem 1. Petrusbrief, der in die Zeit des Kaisers Domitian datiert wird, heißt es:

> *Ihr Lieben, lasst euch durch das Feuer nicht befremden, das euch widerfährt zu einer Versuchung, als widerführe euch etwas Fremdes, sondern freut euch, dass ihr mit Christus leidet, damit ihr auch durch die Offenbarung seiner Herrlichkeit Freude und Wonne haben möget. Selig seid ihr, wenn ihr geschmäht werdet um des Namens Christi willen, denn der Geist, der ein Geist der Herrlichkeit und Gottes ist, ruht auf euch. Niemand aber unter euch leide als ein Mörder oder Dieb oder Übeltäter oder als einer, der in Fremdes eingreift. Leidet er aber als ein Christ, so schäme er sich nicht. Er ehre aber Gott in einem solchen Fall.* (4, VV. 12–16, Übers.: M. Luther).

Johannes sah es als seine Mission an, die Christen im Auftrag Christi dazu aufzufordern und zu ermutigen, die Angst zu überwinden und im Vertrauen auf Gott ohne Rücksicht auf Leib und Leben der römischen Obrigkeit beharrlich Widerstand zu leisten. Er beschwor die ewige Macht Gottes gegenüber der dem Untergang geweihten Staatsgewalt und stellte die Gerechtigkeit Gottes der Willkür der irdischen Mächte gegenüber.

Das Buch umfasst zwei ungleich große Abschnitte:

1. die sieben Sendschreiben,
2. die Visionen, die Christus ihn, wie er glaubt, schauen lässt, damit er sie aufschreibt und die kleinasiatischen Christen in ihrem Glauben stärkt.

Einige von Martin Luther übersetzte ausgewählte Abschnitte des Textes mögen einen Eindruck von dem Werk und seinem Autor vermitteln.

## 3.2 Die Beauftragung

*Ich, Johannes, euer Bruder und Mitgenosse an der Bedrängnis und am Reich und an der Geduld in Jesus, war auf der Insel, die Patmos heißt, um des Wortes Gottes und des Zeugnisses Jesu willen. Ich wurde vom Geist ergriffen am Tag des Herrn und hörte hinter mir eine große Stimme wie von einer Posaune, die sprach: „Was du siehst, das schreibe in ein Buch und sende es an die sieben Gemeinden: nach Ephesus und nach Smyrna und nach Pergamon und nach Thyatira und nach Sardes und nach Philadelphia und nach Laodizea.* (1. VV. 9–11).

Johannes teilt die Bedrängnis der Christen in Kleinasien. Er war dort, und er weiß, wovon er spricht. Er ist ein Bruder im Glauben, dem man vertrauen darf.

Es war kein beliebiger Tag, an dem ihn der Geist ergriffen hat, sondern *der Tag des Herrn*, das heißt, der Tag, an dem Jesus auferweckt worden ist von den Toten, der Tag, den man später *Sonntag* nannte. Christi Auferstehung ist der Kern des christlichen Glaubens.

## 3.3 Das Sendschreiben an die Gemeinde in Ephesos

*Ich kenne deine Werke und deine Mühsal und deine Geduld und weiß, dass du die Bösen nicht ertragen kannst; und du hast die geprüft, die sagen, sie seien Apostel und sind´s nicht, und hast sie als Lügner befunden und hast Geduld und hast um meines Namens willen die Last getragen und bist nicht müde geworden.*

*Aber ich habe gegen dich, dass du deine erste Liebe verlassen hast:*

*Denke nun daran, aus welcher Höhe du gefallen bist, und tue Buße und tue die ersten Werke! Wenn aber nicht, werde ich über dich kommen und deinen Leuchter wegstoßen von seiner Stätte - wenn du nicht Buße tust.*

*Aber das hast du für dich, dass du die Werke der Nikolaiten hassest, die auch ich hasse.*

*Wer Ohren hat, der höre, was der Geist den Gemeinden sagt! Wer überwindet, dem will ich zu essen geben vom Baum des Lebens, der im Paradies Gottes ist.* (2,1–7).

Ephesos, eine reiche und große Stadt mit mindestens 100 000 Einwohnern, war der Amtssitz des römischen Statthalters. Als Schutzgöttin wurde Artemis verehrt. Mit ihrem Kult hing es zusammen, dass der Apostel Paulus die Stadt, in der er in den fünfziger Jahren zweieinhalb Jahre gelebt hatte, fluchtartig verlassen hat. (Apg., 18, VV. 19–40, 2. Kor., 1, VV. 8–10).

Der Brief des Johannes beschreibt die Probleme, die die christliche Gemeinde zu bewältigen hatte. Es waren nicht nur die Forderungen des Staates, die sie von außen bedrohten, sondern auch die falschen Apostel, die innerhalb der Gemeinde wirkten und die es als Lügner zu entlarven galt. Johannes erhebt den Vorwurf, dass die Gemeindemitglieder, die jetzt der zweiten und dritten Generation angehörten, den durch die Nächstenliebe gestifteten Zusammenhalt der Vorfahren nicht aufrechterhalten haben. Er ermahnt sie, sich an den Ursprung zu erinnern und ihren Glauben in Werken zum Ausdruck zu bringen. Die Sorge füreinander und die Bereitschaft, einander zu helfen und beizustehen, war ein besonderes Kennzeichen der christlichen Gemeinden, ein Charakteristikum, das es in den antiken Formen des Kultes nicht gab und das gewiss manch einen Heiden veranlasste, sich ihnen anzuschließen.

## 3.4 Die Vision der vier apokalyptischen Reiter

*Und ich sah, dass das Lamm das erste der sieben Siegel auftat, und ich hörte eines der vier Wesen sagen wie mit einer Donnerstimme: Komm! Und ich sah, und siehe, ein weißes Pferd. Und der darauf saß, hatte einen Bogen, und ihm wurde eine Krone gegeben, und er zog aus sieghaft und um zu siegen.*

*Als es das zweite Siegel auftat, hörte ich das zweite Wesen sagen: Komm! Und es kam heraus ein zweites*

*Pferd, das war feuerrot. Und dem, der darauf saß, wurde Macht gegeben, den Frieden von der Erde zu nehmen, dass sie sich untereinander umbrächten, und ihm wurde ein großes Schwert gegeben.*

*Und als es das dritte Siegel auftat, hörte ich das dritte Wesen sagen: Komm! Und ich sah, und siehe, ein schwarzes Pferd. Und der darauf saß, hatte eine Waage in seiner Hand. Und ich hörte etwas wie eine Stimme mitten unter den vier Wesen sagen: Ein Maß Weizen für einen Silbergroschen; aber dem Öl und Wein tu keinen Schaden!*

*Und als es das vierte Siegel auftat, hörte ich die Stimme des vierten Wesens sagen: Komm! Und ich sah, und siehe, ein fahles Pferd. Und der darauf saß, dessen Name war der Tod, und die Hölle zog mit ihm einher.*

*Und ihnen wurde Macht gegeben über den vierten Teil der Erde, zu töten mit Schwert und Hunger und Tod und durch die wilden Tiere auf Erden.* (6, VV.1–8).

Das Lamm, Christus, ist von Gott berufen, ein Buch mit sieben Siegeln zu öffnen und den Menschen Gottes Plan zu offenbaren. In unserem Text werden die ersten vier Siegel geöffnet.

Vier Wesen, die Gottes Thron umgeben, rufen jeweils *Komm*, und ihrem Ruf folgt je ein auf einem Pferd sitzender Reiter. Sie werden vom Himmel gesandt.

Über die Deutung des ersten Reiters ist man sich nicht einig: Symbolisiert er die Bedrohung durch äußere Mächte, die todbringende Aggression, oder ist er, da er auf einem weißen Pferd reitet, eine Krone trägt und auszieht, um zu siegen, Christus, der über die im Folgenden aufgezählten Plagen triumphiert? Es sind Krieg, Teuerung der Grundnahrungsmittel und schließlich der Tod als eine Folge der vielfältigen Heimsuchungen.

Feindliche Heere verwüsten die Länder und zerstören die Lebensbedingungen, die Menschen sterben, werden getötet oder verhungern.

Die Farben der Pferde charakterisieren die Reiter: Feuerrot ruft die Vorstellung von Blut, schwarz von Trauer und Dunkelheit, fahl von der Leichenblässe des Sterbenden hervor.

Das Unheil, so könnte man in diesem Sinn den ersten Reiter interpretieren, fügt den Menschen kein Leid zu, weil Gott es bereits besiegt hat.

Abb. 95: Albrecht Dürer (1471–1528): Die vier apokalyptischen Reiter, Holzschnitt 1497, Rijksmuseum, Amsterdam

Es sind die Menschen, die die Katastrophen verursachen, die die Freiheit, die Gott ihnen eingeräumt hat, missbrauchen. Gott lässt sie gewähren, aber er warnt sie.

Am Schluss hält die Vision noch einmal einen Trost bereit: Das Römische Reich umfasst nicht die ganze Welt. Diejenigen, die sich jetzt als die Herren gebärden und die Christen bedrängen, werden nicht ewig herrschen. Die Christen dürfen fest auf Gottes Sieg und Gerechtigkeit vertrauen.

Als ein Höhepunkt der Darstellung apokalyptischer Bilder gelten die fünfzehn Holzschnitte, die Albrecht Dürer (1471–1528) 1498 geschaffen hat. Zu ihnen gehören *die apokalyptischen Reiter* und die *Hure von Babylon*.

Es war die Zeit einer Krise. Die Stimmen, die die Missstände in der Kirche kritisierten, wurden immer lauter. Der Bußprediger Savonarola (1452–1498) prangerte in Florenz in fanatischen Reden den Sittenverfall an und verkündigte das bevorstehende Strafgericht Gottes und die Wiederkehr Christi. Die Reformation war nicht mehr fern.

Anders als in dem Text des Johannes lässt Dürer die vier Reiter gleichzeitig hervorstürmen. Die dominierende Figur neben dem Bogenschützen und dem Schwertträger ist der Mann mit der Waage auf seinem schwarzen Pferd, ein gut genährter und vornehm gekleideter Wucherer, der die Hungersnöte zu verantworten hat.

Vorne links reitet der Tod auf einem fahlen Klepper, ein dürrer alter Mann mit Bart, der die Menschen, die unter den Hufen der Pferde sterben, keines Blickes würdigt. Statt der Sense hält er einen Dreizack in seiner Hand. Die Todgeweihten gehören ohne Unterschied allen sozialen Schichten an. Die Frau aus dem Bürgerstand wird ebenso wie der Bischof mit der Mitra in den aufgesperrten Rachen eines Ungeheuers hineingestoßen. Die Hölle ist ihr Schicksal.

Ein Einziger, ein Bauer am rechten Bildrand, versucht, sich zu wehren. In der einen Hand hat er eine Mistgabel, die andere Hand erhebt er gegen den Vorderhuf eines Pferdes, sein Blick ist auf den Tod gerichtet. Er wird sich nicht retten.

Von links oben ragen die Blitze Gottes in das Bild hinein. Über den Reitern schwebt der Engel, der sie mit seinem *Komm* in die Welt geschickt hat.

## 3.5 Die Vision der Hure von Babylon

*Und es kam einer von den sieben Engeln, die die sieben Schalen hatten, redete mit mir und sprach: Komm, ich will dir zeigen das Gericht über die große Hure, die an vielen Wassern sitzt, mit der die Könige auf Erden Hurerei getrieben haben; und die auf Erden wohnen, sind betrunken geworden von dem Wein ihrer Hurerei.*

*Und er brachte mich im Geist in die Wüste. Und ich sah eine Frau auf einem scharlachroten Tier sitzen, das war voll lästerlicher Namen und hatte sieben Häupter und zehn Hörner. Und die Frau war bekleidet mit Purpur und Scharlach und geschmückt mit Gold und Edelsteinen und Perlen und hatte in ihrer Hand einen goldenen Becher, voll von Gräueln, und die Unreinheit ihrer Hurerei, und auf ihrer Stirn war geschrieben ein Name, ein Geheimnis: Das Große Babylon, die Mutter der Hurer und aller Gräuel auf Erden. Und ich sah die Frau, betrunken von dem Blut der Heiligen und von dem Blut der Zeugen Jesu. Und ich wunderte mich sehr, als ich sie sah.*

*Und der Engel sprach zu mir: Warum wunderst du dich? Ich will dir sagen das Geheimnis der Frau und des Tieres, das sie trägt und sieben Häupter und zehn Hörner hat.* (17, VV. 1–7).

Der Text spricht am Anfang von der *großen Hure*, die die Könige, mehr noch: die Menschen so in ihren Bann gezogen hat, dass sie betrunken geworden sind und die Kontrolle über sich verloren haben.

Dann wird sie dem Seher vor Augen geführt: in der Wüste, einem Raum, in dem es kein Leben, keine Zivilisation, keine Kultur gibt, auch keine Menschen. Die Frau ist von dem geschilderten Luxusleben unberührt und einsam. Sie liebt nicht, und sie wird nicht geliebt. Sie sitzt auf einem Ungeheuer, dessen Farbe rot ist, das mit lästerlichen Namen beschrieben ist. Rot ist die Farbe der Sünde. (Jes., 1, V. 18). Sie ist das Symbol des Antichristen. Purpur und Scharlach sind auch die Farben der Kleidung der Frau, die auf dem Tier thront. Macht und Reichtum verdankt sie den Gräueln ihrer Hurerei. Ihre Schlechtigkeit verbirgt sie in dem Glanz ihrer Ausstattung.

Abb. 96: Albrecht Dürer: Die Hure von Babylon, Ausschnitt aus einem Holzschnitt (Die Offenbarung des Johannes, 13. Figur), 1498

Die Welt hat sich, von Wohlstand verblendet, freiwillig in die Gewalt und Abhängigkeit der Gotteslästerer und Gottesleugner begeben. Sie ist gottvergessen.

Jetzt erst wird der Name der Frau genannt: *Das Große Babylon*. Babylon weckt viele Assoziationen: an den *Turm von Babel*, dessen Erbauung die Sprachverwirrung bewirkt hat, an die Zerstörung des Tempels, die Deportation und *die babylonische Gefangenschaft* der Israeliten als Strafe Gottes für die Abkehr vom Glauben. Babylon ist Rom, das seine Kaiser zu Göttern erhöht, die Frau ist die große Stadt, die die Herrschaft über die Könige auf der Erde hat und die mit den verführerischen Gütern ihrer Zivilisation die Menschen um den Verstand bringt. Nichts von dem, was sie bietet, hat einen Wert, es ist nichtiger Tand. Sie ist der Antichrist.

Aber das letzte Wort wird nicht die Weltmacht Rom haben, sondern Gott, mag er uns jetzt auch so schwach erscheinen wie ein Opferlamm:

> *Die Mächte dieser Welt werden gegen das Lamm kämpfen, und das Lamm wird sie überwinden, denn es ist der Herr aller Herren und der König aller Könige, und die mit ihm sind, sind die Berufenen und die Auserwählten und Gläubigen.* (V. 14).

Die Vision des Johannes ist ein Aufruf, sich auf die Seite Gottes zu stellen, allen Verlockungen zu widerstehen, in den Bedrängnissen und Nöten nicht zu verzweifeln.

Es ist ein Aufruf, der sich an alle Menschen richtet, auch an uns.

Obwohl wir in einem Land und in einer Zeit leben, in denen es uns dank vielfachen sozialen Absicherungen gut geht, beherrscht uns angesichts der Kriege und Krisen in der Welt, einer sich abzeichnenden Spaltung der Gesellschaft in Verteidiger und Gegner unserer freiheitlich-demokratischen Ordnung, einer zunehmenden Säkularisierung Angst wie eine bedrohliche Macht, wie Babylon. Es wäre wünschenswert, wenn möglichst viele den Ruf des Johannes hörten, sich von der Angst befreiten und, von Zuversicht erfüllt, wie Johannes für Recht und Gerechtigkeit eintreten und kämpfen würden. Johannes fragt uns, wie sehr wir in technischen, gesellschaftlichen, staatlichen Systemen gefangen, wie autonom, wie frei wir noch sind.

Abb. 97: Albrecht Dürer: Die Fesselung des Drachen und das „Neue Jerusalem“ im Apokalypsen-Zyklus, Holzschnitt, 1498, Rijksmuseum, Amsterdam

## 3.6 Schluss: Die Vision des neuen Jerusalem

*Und ich sah einen neuen Himmel und eine neue Erde; denn der erste Himmel und die erste Erde sind vergangen, und das Meer ist nicht mehr. Und ich sah die heilige Stadt, das neue Jerusalem, von Gott aus dem Himmel herabkommen, bereitet wie eine geschmückte Braut für ihren Mann.*

*Und ich hörte eine große Stimme von dem Thron her, die sprach: Siehe da, die Hütte Gottes bei den Menschen! Und er wird bei ihnen wohnen, und sie werden seine Völker sein, und er selbst, Gott mit ihnen, wird ihr Gott sein; und Gott wird abwischen alle Tränen von ihren Augen, und der Tod wird nicht mehr sein, noch Leid noch Geschrei noch Schmerz werden mehr sein; denn das Erste ist vergangen.*

*Und der auf dem Thron saß, sprach: Siehe, ich mache alles neu! Und er spricht: Schreibe, denn diese Worte sind wahrhaftig und gewiss! Und er sprach so zu mir: Es ist geschehen. Ich bin das A und das O, der Anfang und das Ende. Ich will dem Durstigen geben von der Quelle des lebendigen Wassers umsonst. Wer überwindet, der wird dies erben, und ich werde sein Gott sein, und er wird mein Sohn sein. Die Feigen aber und Ungläubigen und Frevler und Mörder und Hurer und Zauberer und Götzendiener und alle Lügner, deren Teil wird in dem Pfuhl sein, der mit Feuer und Schwefel brennt; das ist der zweite Tod.* (21, VV. 1–8), alle Zitate aus der Übersetzung von 2017.)

Am Schluss setzt der Seher der Hure Babylon das neue Jerusalem entgegen, das von Gott kommt und sich wie eine Braut für den Bräutigam geschmückt hat, und er setzt der Stadt Babylon einen neuen Himmel und eine neue Erde entgegen, in denen alle Menschen mit Gott zusammenleben werden ohne Leid, ohne Schmerz und ohne Tod. Es wird keine Unterschiede mehr unter den Menschen geben, keine Schranken zwischen ihnen. Es ist Gott selbst, der das verheißt; es ist das erste und zugleich das letzte Mal im

Neuen Testament, dass Gott spricht. Er will den Durstigen Wasser aus der Quelle des Lebens geben, nicht denen, die meinen, sie seien vollkommen und sie hätten schon genug getrunken.

Aber Gottes Gnade wird ihnen nicht einfach geschenkt. Sie müssen von sich aus aktiv werden und etwas tun: Sie müssen sich vorbehaltlos zu ihm bekennen.

Das erwartet Johannes von den Christen in Kleinasien, das erwartet Gott von ihnen und von den Christen inmitten aller Kriege, Krisen und Pandemien, aller Zweifel und Anfechtungen.

## 3.7 Abschied

In unserem Gang durch die Geschichte sind wir dem deutschen Professor Karl Krumbacher begegnete. (cf. S. 57). In seinem Buch *Griechische Reise* hat er von dem Eindruck berichtet, den Patmos auf ihn gemacht hat. Mit einem Text von ihm wollen wir von der *heiligen Insel* Abschied nehmen.

Wir erinnern uns: Johannes schreibt, dass ihn der Geist am Tag des Herrn ergriffen habe. (cf. S. 199). Um diesen Tag geht es auch bei Karl Krumbacher. So steht der Sonntag am Anfang und am Ende unserer Beschäftigung mit der Apokalypse des Johannes.

Karl Krumbacher erzählt, dass er mit der Gemeinde im Johannes-Kloster die Auferstehung Christi gefeiert hat. Die Messe endete um 03:00 Uhr morgens:

> *Als ich nach derselben auf die Zinnen des Klosters stieg, genoss ich einen jener Naturschauspiele, die sich dem Menschen unvergesslich in die Seele prägen. Das Meer und die umgebenden Inseln sind in geheimnisvollen Nebel gehüllt, der leise zum Horizont emporsteigt und sich mit dem dunkleren Himmelsgewölbe einigt. Nichts ist deutlich erkennbar als die düsteren Umrisse der Insel Patmos selbst, welche auf der ungeheuren, weiß schimmernden Nebelflut zu verschwimmen scheint. Die zahlreichen Glocken in den Kapellen des Städtchens und der Scala schallen durch die feierliche Auferstehungsnacht. Endlich tritt der Mond aus den düsteren, scharf abgerandeten Wol-*

*kenmassen hervor und wirft bleiche, zitternde Lichtstrahlen auf das in unendlicher Weite wogende Nebelmeer. Das Gefühl nächtlicher Einsamkeit auf stiller Bergeshöhe hat mich niemals lebendiger ergriffen. ... In solchen Augenblicken des Alleinseins mit Gott drückt die Menschen die Demut der Selbsterkenntnis zu Boden.*

(a.a.O., S. 377/378).

# Antike Personen und Orte
(soweit sie nicht im Text erklärt werden)

## A

| | |
|---|---|
| Achilleus | Sohn des Peleus, tapferster Held im griechischen Heer vor Troja |
| Actium | Ort an der Südeinfahrt zum Golf von Ambrakia (heute Golf von Arta) in Akarnanien im Südwesten Griechenlands. Hier besiegte Octavian 31 v.Chr. Marc Anton. Damit war das Ende des letzten Diadochenreiches besiegelt. Ägypten wurde zur Provinz *Aegyptus*. |
| Aiakide | Peleus, Sohn des Aiakos |
| Aias | der tapferste Held im griechischen Heer vor Troja nach Achillleus |
| Alkibiades | ca. 450–404 v.Chr., Athenischer Politiker und skrupelloser Machtmensch |
| Amazonen | mythische kriegerische Frauen |
| Amphoteros | Flottenkommandant Alexanders des Großen |
| Anaximander von Milet | 1. Hälfte des 6. Jh. v.Chr., Vorsokratiker. Er betrachtete das *Apeiron*, das *Unbegrenzte*, als den Urstoff des Kosmos. |
| Anaximenes von Milet | Mitte des 6. Jh. v.Chr., Vorsokratiker. Er betrachtete die Luft als Urstoff des Kosmos. |
| Antigone | Mutter der Berenike, Gattin Ptolemsaios' I. |
| Antiochia am Orontes | das heutige Antakya, Hauptstadt der römischen Provinz Syria |
| Archimedes von Syrakus | ca. 287 – ca. 212 v.Chr., Mathematiker, Physiker und Techniker. Er hat das Hebelgesetz formuliert und das Prinzip des statischen Auftriebs gefunden. |
| Aristarch von Samos | ca. 310–230 v.Chr. Er vertrat die Theorie eines heliozentrischen Weltbildes. |
| Astyochos | spartanischer Flottenkommandant im Peloponnesischen Krieg |

| | |
|---|---|
| Attaliden | die Könige von Pergamon, Nachkommen des Attalos (241–197). Der letzte König vermachte das Reich den Römern: 133 v.Chr. |
| Augias | ein König, dessen Ställe Herakles vom Mist befreien sollte. Er tat es, indem er Wasser durch die Ställe leitete. |

**B**

| | |
|---|---|
| Berenike | Lieblingsfrau Ptolemaios' I., Mutter des 308 auf Kos geborenen Ptolemaios II. Sie starb 279, sie wurde mit ihrem Gatten kultisch verehrt. |
| Bithynien | Landschaft im Nordwesten Kleinasiens, von Europa nur durch den Bosporos getrennt |
| Boibassee | See am Fuß des Peliongebirges in Thessalien |

C

| | |
|---|---|
| Chalkedon | Stadt auf der asiatischen Seite des Bosporus am Übergang in die Propontis (Marmarameer) gegenüber Byzantion |
| Chariten | Segen spendende Göttinnen (zu *charis* – *Gunst, Dank*, dazu *Eucharistie*) |
| Chiron/Cheiron | Kentaur. Er war Arzt und lehrte Heilkunde, war gerecht und milde, Erzieher des Asklepios und Achill. Er lebte im Peliongebirge. (cf. Kentauren). |
| Coeus/Koios | Vater der Latona/Leto |

**D**

| | |
|---|---|
| Danaer | die Griechen vor Troja. Der mythische Namengeber galt als Gründer von Argos. |
| Delos | Kykladeninsel, auf der Leto/Latona die Zwillinge Apollon und Artemis gebar. Delos war ein Zentrum des Apollonkultes. |
| Demeter | Göttin der Fruchtbarkeit. Sie wurde mit ihrer Tochter Persephone in Eleusis, einem Ort nahe Athen, verehrt. |
| Diomedes | Held im griechischen Heer vor Troja |

## E

| | |
|---|---|
| Elaia | Stadt in Kleinasien. Adjektiv: elaiisch |
| Eilatos/Elatos | König in Arkadien, Vater des Ischys, des Geliebten der Koronis |
| Eileithyia | Göttin der Geburt |
| Epio | Tochter des Asklepios, die *Milde* (zu *épios – milde*) |
| Epirus | Landschaft an der heutigen griechisch-albanischen Grenze |
| Eratosthenes von Kyrene | ca. 288 – ca. 202 v.Chr., Bibliothekar und Prinzenerzieher in Alexandria. Er maß den Erdumfang, seine Maßeinheit ist nicht bekannt. |
| Euklid/Eukleides | Er wirkte um 300 v.Chr. in Alexandria, Begründer der strengen Mathematik. Bis in das 15. Jh. war sein Werk Grundlage des Unterrichts. |

## H

| | |
|---|---|
| Hades | der Gott der Unterwelt |
| Halikarnassos | antike Stadt gegenüber Kos, heute Bodrum |
| Hegelochos | makedonischer Truppenführer. Er eroberte 322 v.Chr. die vor der kleinasiatischen Küste liegenden Inseln. |
| Hephaistos | Gott des Handwerks, besonders der Schmiede; metonymisch für Feuer; Herodot identifiziert ihn mit dem ägyptischen Schutzgott der Residenzarbeiter. |
| Herakles | Sohn des Zeus, der zwölf Arbeiten verrichten musste. Er wird, als er stirbt, in den Olymp aufgenommen. |
| Horen | Töchter des Zeus und der Themis. Sie sind die Göttinnen der Jahreszeiten (zu *hora – Stunde, Jahreszeit*). |
| Hygieia | Tochter des Asklepios, Personifikation der Gesundheit |

## I

| | |
|---|---|
| Ieso | Tochter des Asklepios. *Heilerin* (zu *iáesthai – heilen*) |

## K

| | |
|---|---|
| Kalymnos | kleine Insel nördlich von Kos. Sie schloss sich am Ende des 7. Jh. v.Chr. Kos an. Sie besaß ein Asklepiosheiligtum. |
| Karpathos | zweitgrößte Insel des Dodekanes |
| Kentauren | wilde Wesen, die von der Hüfte an aufwärts Menschen waren, sonst Pferde. Eine Ausnahme war Chiron/Cheiron. Er war kultiviert. |
| Kronion | Zeus, der Sohn des Kronos |
| Kynoskephalai | Gebirgszug im mittleren Thessalien, bekannt durch den Sieg des T. Quinctius Flamininus über Philipp V. von Makedonien |
| Kypris | Aphrodite/Venus, die *Schaumgeborene*, die in Zypern an Land ging und dort sehr verehrt wurde |

## L

| | |
|---|---|
| Lakeraia | Stadt am Boibassee, Heimat der Koronis, der Mutter des Asklepios |
| Latona/Leto | Sie empfing von Jupiter/Zeus die Zwillinge Apollon und Artemis. Sie gebar sie auf Delos. |
| Loxias | Beiname des Apollon (zu *lux – Licht*) |

## M

| | |
|---|---|
| Mänaden | Frauen, die im Gefolge des Dionysos in ekstatischer Verzückung durch die Lande ziehen (zu *máinesthai – rasen*) |
| Magnesia | thrakische Halbinsel |
| Minoische Kultur | Sie blühte in der ersten Hälfte des 2. Jahrtausends v.Chr. vor allem auf Kreta. Namengeber war der mythische König Minos. |
| Mithridates | Er wurde 112 v.Chr. König von Pontos. Er führte drei Kriege gegen Rom, bis er schließlich 63 geschlagen wurde und Selbstmord beging. |
| Mygdonische Flöte | auch: phrygische Flöte. Mit ihr forderte Marsyas Apollon, der die Leier spielte, zum Wettkampf heraus und verlor. |

| | |
|---|---|
| Mykenische Kultur | Sie blühte in der zweiten Hälfte des 2. Jahrtausends v.Chr. Namengeber war die Stadt Mykene in der Peloponnes, ein Machtzentrum der Mykener. |
| Mysien | Landschaft in Kleinasien. Sie grenzt im Norden an den Hellespont. |

**N**

| | |
|---|---|
| Nicaea | Ort in Phrygien, östl. der Propontis (Marmarameer) |

**O**

| | |
|---|---|
| Orpheus | mythischer thrakischer Sänger, der sich vergeblich bemühte, seine verstorbene Frau Eurydike aus dem Hades zurück in die Oberwelt zu führen |
| Ötagebirge | in Thessalien |

**P**

| | |
|---|---|
| Paian/Paion/Paiaon | ursprünglich ein selbstständiger Heilgott, dann Name für Apollon und Asklepios |
| Pan | Sohn des Hermes, ein Gott der Fruchtbarkeit. Er erschreckt die Tiere und Menschen, wenn er in der Mittagszeit plötzlich erscheint. Er gehört zum Gefolge des Dionysos. |
| Panake | Tochter des Asklepios, *Allhelferin, Allheilerin* (zu *akéesthai – heilen*) |
| Pelusion | Stadt nahe der Mündung des östlichen Nilarms |
| Pentheus | mythischer König von Theben. Für seinen Versuch, die Einführung des Dionysoskultes zu verhindern, wird er furchtbar bestraft: Seine Mutter tötet ihn in ekstatischer Verzückung, weil sie ihn für ein wildes Tier hält. |
| Pharnabazos | persischer Admiral, der sich gegen Alexander den Großen stellte. Er wurde verfolgt und fand Zuflucht auf Kos. |
| Phasidamos | einer der Gastgeber des Erntefestes auf Kos, von dem der Dichter Herondas erzählt |
| Phegyas | Sohn des Ares, Vater der Koronis. Sein Name taucht in verschiedenen Landschaften auf. |

| | |
|---|---|
| Phidias | Er wirkte von ca. 460 – ca. 430 v.Chr. als Bildhauer in Athen. Er schuf die Gold-Elfenbein-Statue der Athena für den Parthenon in Athen und des Zeus für Olympia. |
| Phoibos | Beiname des Apollon. Er bedeutet vielleicht *rein* oder *furchtbar* (zu *phóbos – Furcht*). |
| Pompeius Magnus | 105–48 v.Chr., römischer Politiker und Feldherr. Er unterlag Caesar im Bürgerkrieg, floh nach Ägypten und wurde dort ermordet. |
| Protagoras von Abdera | ca. 485 – ca. 415 v.Chr., Sophist, Redner und Lehrer der Rhetorik |
| Pytho(n) | das Heiligtum des Apollon in Delphi; Name der Schlange, die Apollon getötet hat |

**R**

| | |
|---|---|
| Rheneia | mit Delos zu einer sakralen Einheit verbundene Nachbarinsel von Delos |

**S**

| | |
|---|---|
| Samos | die dem türkischen Festland am nächsten gelegene griechische Insel |
| Satyr | menschliches Wesen mit Pferdeohren und Pferdeschweif, manchmal auch Hufen, stark behaart |
| Silen | ein Satyr, von dem zahlreiche Mythen erzählen |
| Sokrates | 469–399 v.Chr., Athener, Philosoph. Er richtete den Blick nicht wie die Vorsokratiker auf den Kosmos, sondern auf den Menschen. Er identifizierte das Glück mit der Tugend (*areté*). Die Athener haben ihn zum Tode verurteilt. |

**T**

| | |
|---|---|
| Thales von Milet | erste Hälfte des 6. Jh. v.Chr., Vorsokratiker. Er betrachtete das Wasser als den Urstoff des Kosmos. |
| Themistokles | bedeutender Athener Politiker, Sieger über die persische Flotte in der Schlacht bei Salamis 480 v.Chr. |

| | |
|---|---|
| Theseus | mythischer König von Athen. Er machte Athen zur Hauptstadt des Umlandes, sog. *Synoikismós.* |
| Thetis | eine unsterbliche Nymphe, die den sterblichen Peleus zum Mann nahm und Achilleus gebar |
| Tiryns | Burg der Mykener, Stadt in der Argolis, deren König Amphitryon war, der Gatte der Alkmene, der Mutter des Herakles |
| Trikka | Geburtsort des Asklepios, von dem der Kult seinen Ausgang nahm |
| Triopische Höhe | das in Kleinasien Kos gegenüberliegende Gebirge, Versammlungsort der Dorer. Es wurden Wettkämpfe zu Ehren des Apollon veranstaltet. |

# Verzeichnis der antiken Autoren

## Griechische Autoren

### Vor Christi Geburt

| | |
|---|---|
| Homer | um 700. Er war der erste europäische Dichter. Ihm werden die Epen *Ilias* und *Odyssee* zugeschrieben. Die sog. *Homerischen Hymnen* sind jünger und stammen nicht von dem Dichter der Epen. |
| Alkman aus Sparta (?) | 2. Hälfte des 7. Jahrhunderts. Er ist der älteste Chorlyriker, von dem wir wissen. Er schrieb Kultlieder. |
| Solon aus Athen | ca. 640 – ca. 560. Er hat in Athen eine Verfassungsreform durchgeführt, die Lage der sozial benachteiligten Menschen verbessert und Gedichte philosophischen und politischen Inhalts verfasst. |
| Pindar aus Theben | 520/18 – nach 446. Er war ein Chorlyriker. Er hat vor allem Lieder für die Sieger der panhellenischen Wettkämpfe geschrieben. In seine Lieder fügt er Mythen ein. |
| Empedokles aus Akragas (Sizilien) | ca. 495 – ca. 435. Er hat zwei Lehrgedichte verfasst: *Über die Natur* und *Reinigungen*. Er hat gelehrt, dass der Kosmos aus den vier Grundelementen Feuer, Wasser, Luft und Erde besteht. Die Naturkräfte *Liebe* und *Streit* regelten die Prozesse von Vereinigung und Trennung. |
| Sophokles aus Athen | 497/496 – 406. Er war ein berühmter Tragödiendichter. Sieben Werke sind erhalten, unter ihnen *Oedipus tyrannus* und *Antigone*. |
| Euripides aus Athen | 484/480 – 406. Er war ein berühmter Tragödiendichter. Achtzehn Werke sind erhalten, darunter *Medea, Iphigenie in Aulis, Iphigenie bei den Taurern.* |

| | |
|---|---|
| Aristophanes aus Athen | 450/445 – nach 388. Er war ein berühmter Komödiendichter. Elf Komödien sind erhalten, darunter *Lysistrate, Die Vögel, Der Frieden, Der Reichtum (Plutos).* |
| Herodot aus Halikarnassos | ca. 485 – ca. 425. Er begründete mit seinem Werk über die *Perserkriege* die Geschichtsschreibung. |
| Thukydides aus Athen | ca. 455 – ca. 400. Er hat als erster Geschichte als Zeitgenosse geschrieben. Sein Werk handelt von dem *Peloponnesischen Krieg*: 431–404. Berühmt ist der *Medierdialog*, in dem sich die kleine Insel Melos gegen die Forderung Athens wehrt, sich zu unterwerfen. |
| Theokrit aus Syrakus (?) | 1. Hälfte des 4. Jahrhunderts. Er begründete die literarische Gattung der Bukolik. |
| Herondas aus Kos (?) | 1. Hälfte des 3. Jahrhunderts. Er schrieb *Mimjamben*, die er wie kleine Dramen gestaltete. Er schildert die Alltagswelt der einfachen Menschen. |
| Diodor aus Agyrion | 1. Jahrhundert. Er ist der Verfasser einer Universalgeschichte, der *Historischen Bibliothek*, die die Zeit von der Entstehung der Welt bis zum Jahr 59 umfasste. |

## Vor und nach Christi Geburt

| | |
|---|---|
| Strabon aus Amaseia | 65/64 v.Chr. – ca. 23 n.Chr. In seinem Werk beschreibt er Europa, Asien und Afrika. Er ist viel gereist und hat sich auf Quellen gestützt. Er gehört nicht zu den bedeutenden Autoren. |

## Nach Christi Geburt

| | |
|---|---|
| Lukas aus Antiochia | 1. Jahrhundert. Verfasser des dritten Evangeliums und der Apostelgeschichte, er war ein Heidenchrist. |
| Markus | 1. Jahrhundert. Verfasser des zweiten Evangeliums, Vertrauter des Apostels Paulus |

| | |
|---|---|
| Paulus aus Tarsus | 1. Jahrhundert. Neben Jesus die bedeutendste Gestalt im Neuen Testament. Quellen seines Lebens sind die Apostelgeschichte und seine Briefe. Römischer Bürger, Jude, Rabbi, der vom Verfolger der Christen zu einem glühenden Anhänger und Missionar wurde. Er wurde in Rom hingerichtet: 65 oder 67. |
| Plutarch aus Chaironeia | ca. 45 – ca. 120. Er war Apollonpriester in Delphi. Er hat zahlreiche philosophische Schriften verfasst, außerdem dreiundzwanzig *Parallelbiographien,* in denen er bedeutende Griechen und Römer einander gegenüberstellt. |
| Epiktet aus Hierapolis | ca. 50 – ca. 120/130. Stoiker, der sich hauptsächlich der Ethik zuwandte. Sein *Handbüchlein – Encheiridion* enthält 53 Lehrsätze. |
| Arrian aus Nikomedeia | ca. 100 – ca. 170. Er hat in seinem Werk mit dem Titel *Anabasis Alexandrou* den Asienfeldzug des Makedonen beschrieben. Er war ein großer Verehrer des Königs. Sein Vorbild war Thukydides. |
| Pausanias aus Lykien | ca. 115 – ca. 180. Er begründete die Literaturgattung des Reiseführers. Er beschrieb Griechenland in zehn Büchern. Die Genauigkeit der Beschreibungen beweist, dass er die Stätten selbst gesehen hat. |
| Galen aus Pergamon | 129–216. Nach Hippokrates der bedeutendste Arzt der Antike, Verfasser medizinischer Schriften auf der Grundlage des Corpus Hippocraticum, Gladiatorenarzt in Pergamon, Leibarzt des Kaisers Marc Aurel (161–180). Seine Wirkung reichte bis in die Neuzeit. |
| Appian aus Alexandria | 2. Jahrhundert. Er hat eine *Römische Geschichte* verfasst, die von Aeneas' Flucht aus Troja bis in seine eigene Zeit reichte. Erhalten ist die einzige erhaltene zusammenhängende Darstellung der römischen Bürgerkriege. |
| Aelius Aristides aus Mysien | ca. 117 – ca. 185. Er war ein berühmter Redner, viele Jahre hat er sich immer wieder in dem Asklepios-Heiligtum in Pergamon aufgehalten |

und über die dort angewendeten Heilmethoden berichtet.

| | |
|---|---|
| Lukian von Samosata | ca. 120–ca. 180. Er war ein Satiriker, der sich kritisch mit der zeitgenössischen Philosophie auseinandergesetzt hat. Häufig verwendet er die Form des Dialogs. In den *Meergötter-* und *Göttergeschichten* präsentiert er Mythen in neuer Sicht, in den *Hetärengesprächen* lässt er den Leser an dem Leben dieser Frauen teilhaben. |
| Moschos aus Syrakus | 2. Jahrhundert. Nur sein Kurzepos *Europa* ist vollständig erhalten. |
| Johannes Chrysostomos aus Antiochia | 349/350–417. Er war ein Kirchenlehrer, der Patriarch von Konstantinopel, Verfasser verschiedener Abhandlungen, z.B. über *das Priestertum, die Jungfräulichkeit, die Kindererziehung*. Überliefert sind außerdem Predigten und Briefe. |

## Römische Literatur

### Vor Christi Geburt

| | |
|---|---|
| Marcus Porcius Cato der Ältere aus Tusculum | 234–149. Er war Konsul und ein ebenso strenger wie gefürchteter Zensor. Er war der Überzeugung, dass Karthago, die Hauptstadt des punischen Erzfeindes, zerstört werden müsse. Er fürchtete, dass die griechische Kultur die römische überlagere. Er ist der erste lateinische Prosaautor. Sein Geschichtswerk *Origines – Gründungen* ist verloren, erhalten ist sein Werk *Über die Landwirtschaft – De agri cultura*. |
| Publius Vergilius Maro | Er wurde an einem Ort nahe Mantua geboren. 70–19. Sein bedeutendstes Werk ist das Epos *Aeneis*, die Geschichte von der Flucht des Aeneas aus dem brennenden Troja bis zur Gründung der Stadt Lavinium in Latium, aus der Rom hervorgehen sollte. Vorbilder sind die *Odyssee* und die *Ilias*. In den *Hirtengedichten – Bucolica/Eclogae* folgte er dem Vorbild |

Theokrits. Berühmt ist die vierte Ekloge, die in der christlichen Tradition als eine Prophezeiung der Geburt Christi gedeutet wurde. *Die Georgica* sind ein Lehrgedicht *Über den Landbau*.

### Vor/nach Christi Geburt

| | |
|---|---|
| Publius Ovidius Naso aus Sulmo | 43 v.Chr. – 17/18 n.Chr. Er ist der Autor von Liebeslyrik, zu der die *Ars amatoria – Die Liebeskunst* gehört, vor allem aber die *Metamorphosen, die Verwandlungsgeschichten*, die aus dem reichen Repertoire griechischer Mythen schöpfen. Aus nicht geklärtem Grund ist er nach Tomi am Schwarzen Meer verbannt worden. In den *Tristien* und den *Epistulae ex Ponto* beklagt er seine Situation. Er ist der erste Exildichter. |

### Nach Christi Geburt

| | |
|---|---|
| Lucius Annaeus Seneca aus Cordoba | 1 – 65. Er war ein stoischer Philosoph, Autor zahlreicher philosophischer Schriften, zu denen die *Epistulae morales ad Lucilium* gehören. Das sind Essays, in denen er über ethische Probleme reflektiert. Der Kaiser Nero hat ihn gezwungen, sich zu töten: 65. Er beschuldigte ihn, von einer Verschwörung gewusst zu haben. |
| Caius Plinius Secundus der Ältere aus Comum | Er war Befehlshaber der Flotte in Misenum im Golf von Neapel, als der Vesuv ausbrach. Bei einem Rettungsversuch kam er ums Leben. Die Umstände seines Todes hat sein Neffe, C. Plinius Secundus der Jüngere, beschrieben. Plinius der Ältere hat unter anderem eine *Naturgeschichte – Naturalis historia* in 37 Büchern verfasst, eine Sammlung des Wissens seiner Zeit über die Natur, die Technik und die Kultur. |
| Publius (Caius?) Cornelius Tacitus | ca. 55 – ca. 120. Er war ein bedeutender Geschichtsschreiber. Zu seinen Werken gehören |

| | |
|---|---|
| | die *Germania, die Historiae* (die Jahre 69–96) und die *Annalen* (die Zeit von 14–66), die beiden Geschichtswerke sind nur unvollständig erhalten. |
| Decimus Iunius Iuvenalis | ca. 60 – ca. 130/135. Er war ein Redelehrer und Verfasser von Satiren, in denen er tatsächliche und vermeintliche Übelstände seiner Zeit anprangert. Er gilt als der letzte bedeutende Dichter Roms. |
| Caius Tranquillus Suetonius aus Hippo Regius | ca. 70 – ca. 130. Er ist der Verfasser von Biographien Cäsars und der Kaiser von Augustus bis Domitian. Er schreibt Unterhaltungsliteratur, in der Klatsch und Anekdoten ihren Platz haben. |
| Apuleius aus Madaurus | ca. 120/125 – ca. 180. Er ist der Verfasser eines Romans mit dem Titel *Metamorphosen* oder *Der goldene Esel*, der von den Abenteuern eines Helden handelt, der in einen Esel verwandelt wird. Er wird am Schluss von der Göttin Isis zurückverwandelt. Aus dem Roman ist die Geschichte von *Armor und Psyche* am bekanntesten. |
| Quintus Septimius Florens Tertullianus aus Karthago | ca. 160 – ca. 220. Er war ein Kirchenschriftsteller, der älteste erhaltene lateinische christliche Autor. In seinem Werk *De spectaculis* verurteilt er die Unmoral der Schauspiele. Er zeichnete sich durch eine extreme Sittenstrenge aus. |
| Aurelius Augustinus von Thagaste | 354 – 430. Er war zunächst ein Lehrer der Rhetorik, dann Bischof. Seine bedeutendsten Werke sind die *Confessiones – Bekenntnisse* und *De civitate Dei – Der Gottesstaat*. Er erschloss Bereiche, die der Antike bis dahin unbekannt waren. Er setzte sich mit der antiken Religion und Philosophie auseinander und reflektierte über Probleme wie Glauben und Wissen, Erbsünde, Gnade und Willensfreiheit. Großen Einfluss übte die Philosophie Platons auf ihn aus. Er wird als Kirchenlehrer und Heiliger verehrt. |

Das Verzeichnis spiegelt das reiche Erbe der Antike. Die Zeit der zitierten Autoren umfasst mehr als 1000 Jahre und reicht geographisch von Spanien im Westen bis nach Syrien im Osten, vom Schwarzen Meer im Norden bis nach Nordafrika im Süden. Die römische Literatur setzt erst 500 Jahre nach der griechischen ein. In der nachchristlichen Ära stammen viele der Griechisch schreibenden Autoren aus Asien, für die römische Literatur gewinnen die Provinzen Spanien und Afrika an Bedeutung. Im Laufe der Zeit wird im Osten allmählich das Interesse an der lateinischen Sprache, im Westen das Interesse an der griechischen Sprache abnehmen. Augustin bekennt seine unzureichenden Griechischkenntnisse. Die Entwicklung führt schließlich zur Trennung des West- und des Ostreiches.

# Bildnachweise

## Die Ägäis – Das Meer des Aigeus

Abb. 1: Lage der Inselgruppe Dodekanes im Ägäischen Meer, © Wikimedia Commons, Quelle: Übersetzung der Karte „Ägäisches Meer“ (Urheber: Eric Gaba) aus dem Französischen, Autor: Bamse

Abb. 2: Dodekanes – griechische Inselgruppe – und kleinasiatische Küste, © iStock, PeterHermesFurian

Abb. 3: Karte der Insel Kos, © iStock, PeterHermesFurian

Abb. 4: Relief des Windgottes Boreas, Uhrenturm des Andronikus Cyrrhestes (Turm der Winde), © Wikimedia Commons, Foto: George E. Koronaios

Abb. 5: Die vom Sturm aufgewühlte Ägäis, © Chris Craggs/Alamy Stock Photo

## Kos

### 1 Geographie, Geologie, Wirtschaft

Abb. 6: Der „Paradise Beach“ in Kefalos auf der Insel Kos, © Wikimedia Commons, Quelle: https://www.flickr.com/photos/michalo/5654664378/sizes/o/in/photostream/, Foto: Michal Osmenda

### 2 Geschichte

Abb. 7: Wilhelm von Kaulbach: Die Seeschlacht bei Salamis, 1868, Maximilianeum München (Bayerischer Landtag) – Senatssaal (www.bayerischer-landtag.de), © Wikimedia Commons, Foto:Alonso de Mendoza

Abb. 8: Münze aus Kos, Staatliche Museen zu Berlin, Münzkabinett, © Wikimedia Commons, Foto: Reinhard Saczewski

Abb. 9: Karte der Schlacht bei den Thermopylen, 480 v.Chr., © Wikimedia; History Department of the United States Military Academy; Urheber: Frank Martini, USMA

Abb. 10: Statue des Maussolos, Skulptur von seinem Grabbau, Nordseite des Mausoleums von Halikarnassos, ca. 350 v.Chr., Britisches

Museum, London, © Wikimedia Commons CC-BY 2.5, Foto: Marie-Lan Nguyen

Abb. 11: Wolfram Hoepfner: Halikarnassos und das Maussolleion. Die modernste Stadtanlage und der als Weltwunder gefeierte Grabtempel des karischen Königs Maussollos, Darmstadt/Mainz (Zabern), 2013, S. 81, Abb. 39

Abb. 12: Marmorbüste des Herodot, römisch, 2. Jh. v.Chr., Metropolitan Museum of Art, New York, © Wikimedia; Quelle: https://www.metmuseum.org/art/collection/search/245829

Abb. 13: „Alexanderschlacht“ (Ausschnitt), Mosaik, Haus des Fauns, ca. 150–100 v.Chr., Pompeji, Archäologisches Nationalmuseum Neapel, © Wikimedia Commons, Foto: Magrippa (Piero)

Abb. 14: Das Weltreich Alexander des Großen im Jahr seines Todes 323 v. Chr., © Wikimedia Commons, Autor: Ras67

Abb. 15: Vincenzo Camuccini (1771–1844): Ptolemaios II. prüft eine Rolle Papyrus, 1813, Museo di Capodimonte, Neapel, © Wikimedia Commons, Foto: KoS

Abb. 16: Theokrit auf einer antiken Münze mit Tieren, Quelle: http://www.zeno.org/Literatur/I/theokrit, © http://www.zeno.org/nid/20005778093

Abb. 17: Eduard Mörike, Lithografie von Bonaventura Weiß, 1851, © Wikimedia Commons, Quelle: Michael Schönitzer: *Die großen Deutschen im Bilde* (1936), Foto: Erik Baas

Abb. 18: Vergil, Detail aus dem Monnus-Mosaik, 3. Jh. n.Chr., Trier, Landesmuseum, Trier, © Wikimedia Commons, Foto: Hype Supper

Abb. 19: Ein Johanniter in seinem Habit, Uniform der Ritter, Ende 19. Jh., Hallwyl Museum, Stockholm, © Wikimedia Commons, Foto: Samuel Uhrdin

Abb. 20: Georgios Varouchas: Porträt von Ludwig Ross, 1870, Athens University History Museum, © The Picture Art Collection/Alamy Stock Photo

Abb. 21: Massaker von Distomo, © Wikimedia Commons, Foto: AlMare

## 3 Die Stadt Kos

Abb. 22: Die Platane des Hippokrates, © Wikimedia Commons, Foto: Heiko Gorski (Moonshadow)

Abb. 23: Stadtplan Kos, Sehenswürdigkeiten: der Hafenbereich, © Evelyn Hermann-Schreiber

Abb. 24: Der Gouverneurspalast von Kos (Eastern Coastal Building) vom Pier im Osten aus gesehen, © Wikimedia Commons, Foto: Asurnipal
Abb. 25: Statue des Hippokrates, Römisches Odeon, Ende 4. Jh. v.Chr., Archäologisches Museum von Kos, © Wikimedia Commons, Foto: ChristianeB
Abb. 26: Marmorstatue der Hygieia, 3. bis 2. Jh. v.Chr., Archäologisches Museum von Kos, © Wikimedia Commons, Foto: Tedmek
Abb. 27: Statue der Göttin Artemis, Archäologisches Museum von Kos, © Wikimedia Commons, Foto: Tedmek
Abb. 28: Skulptur des Gottes Dionysos mit Satyr, Archäologisches Museum von Kos, © Wikimedia Commons, Foto: Tedmek
Abb. 29: Torso der Statue des Gottes Hermes, Archäologisches Museum von Kos, © Wikimedia Commons, Foto: Tedmek
Abb. 30: Tempel der Aphrodite, ca. 200 v.Chr., Antike Agora, Kos-Stadt, © g bell/Alamy Stock Foto
Abb. 31: Tor der Steuern (Fórou-Tor), Kos-Stadt, © Wikimedia Commons, Foto: Tedmek
Abb. 32: Die Gazi-Hasan-Pascha-Moschee (Loggia-Moschee), 1786, von der Ausgrabungsstätte Agora aus gesehen, © Wikimedia Commons, Foto: JD554
Abb. 33: Die Defterdar-Moschee mit dem muslimischen Brunnen, © Wikimedia Commons, Foto: Asurnipal
Abb. 34: Das türkische Bad, Außenseite des restaurierten Hamams, 17. Jh., © Mark Dunn/Alamy Stock Foto
Abb. 35: Casa del Fascio (ehemaliges Haus der Faschistischen Partei), erbaut um 1930, © Wikimedia Commons, Foto: Asurnipal
Abb. 36: Markthalle (Dimotikí Agorá), erbaut 1934, © Wikimedia Commons, Foto: Asurnipal
Abb. 37: Kirche St. Georg Arrenagogeiou, spätbyzantinische Zeit, © Pavel Dudek/Alamy Stock Foto
Abb. 38: Die restaurierte Jüdische Synagoge, © www.kos4all.com
Abb. 39: Das Kastell – Grundriss Schloss Neratzia, © Evelyn Hermann-Schreiber
Abb. 40: Festung Antimachia, Ansicht von Westen, 14. Jh., © Wikimedia Commons, Foto: Palatinatian
Abb. 41: Johanniter-Kastell (Festung Neratzia), 14. Jh., © Wikimedia Commons, Foto: Asurnipal
Abb. 42: Stadtplan Kos, Sehenswürdigkeiten: der Westbereich, © Evelyn Hermann-Schreiber
Abb. 43: Die von Säulen flankierte Hauptachse (*cardo maximus*) der römischen Stadt Apameia am Orontes in Syrien, © Wikimedia Commons, Foto: Beatrizmills

Abb. 44: Grundrissplan der Casa Romana, © Evelyn Hermann-Schreiber
Abb. 45: Das Odeon in Kos, 2. Jh. n.Chr., © Wikimedia Commons, Foto: Arsurnipal
Abb. 46: Römisches Bad (Nymphäum), 3. Jh. v.Chr., © Wikimedia Commons, Foto: JD554
Abb. 47: Das Gymnasion (Xystos) auf Kos, hellenistische Zeit, © Wikimedia Commons, Foto: Palatinatian
Abb. 48 Mosaik Entführung (Raub) der Europa, „Haus der Europa" (römische Villa), 142 n.Chr., © Peter Brown/Alamy Stock Foto
Abb. 49: Römisches Bodenmosaik (Ausschnitt), Römische Villa Nennig, © Wikimedia Commons, Quelle: Klaus D. Peter (Wiehl), Foto: Enigma51

## 4 Asklepios und das Asklepieion

Abb. 50: Statue des Asklepios, römische Kopie (ca. 160 v.Chr.), Archäologisches Museum, Athen, © Wikimedia Commons, Foto: Giovanni Dall'Orto
Abb. 51: Marmorstatue des Asklepios, römisch, Ny Carlsberg Glyptotek, Kopenhagen, © Wikimedia Commons, Foto: Nina Aldin Thune
Abb. 52: Grundriss des Asklepieions, © Evelyn Hermann-Schreiber
Abb. 53: Ruinen des Asklepieions von Kos, 4. Jh. v.Chr., © Wikimedia Commons, Foto: Heiko Gorski (Moonshadow)
Abb. 54: Rekonstruktion des Asklepieions, © Wikimedia Commons, Urheber: Franck devedjian
Abb. 55: Sandro Botticelli (1445–1510): Die Geburt der Venus, ca. 1485, Uffizien, Florenz, © Wikimedia Commons, Google Art Project, Foto: Oursana
Abb. 56: Tizian (1490–1576): Venus mit einem Spiegel, ca. 1555, National Gallery of Art, Washington D.C., © Wikimedia Commons, Google Art Project Foto: Stwalkerster
Abb. 57: Blick von der oberen Terrasse des Asklepieions, © Greg Balfour Evans/Alamy Stock Foto

## 5 Zeugnisse der Geschichte jenseits der Hauptstadt

Abb. 58: Flamingos am Alikes Salzsee bei Tigaki, © Wikimedia Commons, Foto: Roton Piotr

Abb. 59: Grab des Charmylos, © Wikimedia Commons, Foto: Michael Schmalenstroer

Abb. 60: Die Ruinen der frühchristlichen Kirchen Agios Stefanos auf der Halbinsel Kefalos, © Wikimedia Commons, Quelle: https://www.flickr.com/photos/michalo/5654249414/sizes/o/in/photostream/, Foto: Michal Osmenda

## 6 Heilende Götter

Abb. 61: Statue des Apollon mit Pfeil und Bogen, römisch, Mitte 2. Jh. v.Chr., Ashmolean Museum, Oxford, © Wikimedia Commons, Foto: Stuart Yeates

Abb. 62: Asklepieion in Epidauros (Rekonstruktion). © Foto: Reise-Zikaden, M. Hoffmann, https://reise-zikaden.de/peleponnes-epidauros-theater-asklepios-heiligtum/

Abb. 63: Weihrelief an Asklepios, Archäologisches Museum Piräus, © Bildarchiv Foto Marburg, www.fotomarburg.de (Bilddatei-Nr. fm135065)

Abb. 64: Das Asklepieion von Pergamon, 4. Jh. v.Chr., © Wikimedia Commons, Foto: Bernard Gagnon

Abb. 65: Statue des Aelius Aristides (Kopie aus dem 2. Jh.), Vatikanische Museen, Rom, © Wikimedia Commons, Foto: Rabax63

Abb. 66: Die heiligen Brüder Kosmas und Damian, Miniatur aus dem Stundenbuch der Anne de Bretagne, 16. Jh., © Bibliothèque Nationale, Paris (Codex A 66, Blatt 343), Wikipedia.org, Foto: JLPC

Abb. 67: Die Grotte von Massabielle (Lourdes) mit der nach Bernadettes Angaben geschaffenen Marienstatue von Joseph-Hugues Fabisch, © Wikimedia Commons, Foto: José Luiz Bernardes Ribeiro

Abb. 68: Heiligtum Unserer Lieben Frau von Lourdes, ein Blick auf die Außenseite der Rosenkranzbasilika, © Wikimedia Commons, Foto: Preacherdoc

## 7 Geschichte der rational-methodischen Medizin vor der Zeit des Hippokrates

Abb. 69: Der Papyrus Ebers, 16. Jh. v.Chr., National Library of Medicine, Bethesda, Maryland, © Wikimedia Commons, Quelle: https://www.nlm.nih.gov/archive/20120918/hmd/breath/breath_exhibit/MindBodySpirit/IIBa18.html

Abb. 70: Chirurgische Instrumente (Skalpelle, Spatel, Pinzetten) aus Ägypten, 4 000 v.Chr., © Wikimedia Commons, Foto: Ashashyou

Abb. 71: Marmorbüste des Homer, römische Kopie aus dem 2. Jh. n.Chr., Louvre, Paris, © Wikimedia Commons, Quelle: https://collections.louvre.fr/en/ark:/53355/cl010277994, Foto: Marie-Lan Nguyen

Abb. 72: Giacomo Brogi (1822-1881): Menelaos, Marmorbüste, Vatikanische Museen Rom, © Wikimedia Commons, Scan: G.dallorto (Katalog Nr. 4140)

## 8 Die Ära des Hippokrates: Die Begründung der wissenschaftlichen Medizin

Abb. 73: © Wikimedia Commons, Quelle: An Illustrated History by Ira M. Rutkow, M.D. published in 1993, Foto: La Biblioteca Vaticana, Scan: Rmrfstar

Abb. 74: Diego Velázquez (1599–1660): Demokrit, oder Mann mit Globus, 1624, Musée des Beaux-Arts de Rouen, © Wikimedia Commons, Web Gallery of Art

Abb. 75: Hippokrates, römische Kopie eines griechischen Originals, 3. Jh. v.Chr., Puschkin-Museum, Moskau, © Wikimedia Commons, Foto: shakko

Abb. 76: Statue des Hippokrates, 1832–39 von Friedrich von Gärtner, Bayerische Staatsbibliothek, München, © Wikipedia, Foto: Rufus46

Abb. 77: Kopf des Platon, römische Kopie, Glyptothek, München, © Wikimedia Commons, Foto: Zde

Abb. 78: Büste des griechischen Historikers Thukydides, Royal Ontario Museum, © Wikimedia Commons, Foto: Captmondo

## 9 Die moderne Medizin

Abb. 79: Rudolf Virchow (1884), Fotografie auf Karton von Julius Cornelius Schaarwächter, © Wikimedia Commons, Autor: Memmi46

Abb. 80: Robert Koch, Fotogravur nach einer Fotografie von Wilhelm Fechner, um 1900, © Wikimedia Commons, Autor: Materialscientist, Quelle: https://wellcomecollection.org/works/uh478sxg?wellcomeImagesUrl=/indexplus/image/M0000111.html

Abb. 81: Louis Pasteur, Studioaufnahme von Paul Nadar, erstellt 1895, © Wikimedia Common, Autor: Crisco 1492
Abb. 82: Alexander Fleming, in seinem Labor in St Mary's, Paddington, London (1943), © Wikimedia Common, Autor: Ducksoup, Quelle: Ministry of Information Second World War Colour Transparency Collection
Abb. 83: Innenraum eines modernen Labors, Arbeitstisch mit Petrischalen, Röhrchen, Fläschchen und Mikroskop, © Alexandre Rotenberg/Alamy Stock Photos

## Patmos und die Apokalypse des Johannes

### 1 Die Geschichte der Insel und des Klosters des Agios Johannes Theologos

Abb. 84: Lage der Insel Patmos im Ägäischen Meer, © Wikimedia Commons, Quelle: Übersetzung der Karte „Ägäisches Meer" (Urheber: Eric Gaba) aus dem Französischen, Autor: Bamse
Abb. 85: Blick über die Insel mit der Ortschaft Skala, © Wikimedia Commons, Quelle: https://www.flickr.com/photos/tipsfortravellers/31665204678/, Foto: Gary Bembridgre,
Abb. 86: Die Heilige Höhle der Apokalypse (Offenbarungsgrotte), © Antony SOUTER/Alamy Stock Foto
Abb. 87: Porträt des byzantinischen Kaisers Alexios I. Komnenos, © Wikimedia Commons, Autor: Tintero21/Constantine
Abb. 88: Abt Christodoulos von Patmos, geb. im 11. Jh. in Nicäa, gestorben 1093, © (Quelle): Joachim Schäfer: Ökumenisches Heiligenlexikon
Abb. 89: Kloster des Heiligen Johannes des Theologen, © Wikimedia Commons, Autor: Valeria Casari; Foto: Dulcamaraviola
Abb. 90: Kloster des Heiligen Johannes Theologe, Mosaik, Darstellung des Johannes der Theologe, © Alamy, Odyssey-Images/Alamy Stock Foto
Abb. 91: Porträt des Byzantinisten Karl Krumbacher, © The History Collection/Alamy Stock Foto
Abb. 92: Hans Memling (1430–1494): Hl. Johannes der Evangelist, schaut auf Patmos die Visionen der Offenbarung, Triptychon, Altarbild 1479, Memling Museum, Brügge, © Wikimedia Commons, *Quelle: The Yorck Project (2002): 10.000 Meisterwerke der Malerei, Foto:* Upload Bot (Eloquence)

## 2 Der Wunsch, *dort einzukehren und der dunklen Grotte zu nahn*

Abb. 93: Friedrich Hölderlin (1770–1843), Pastell von Franz Karl Hiemer, ca. 1792, Schiller-Nationalmuseum und Deutsches Literaturarchiv, Marbach am Neckar, © Wikimedia Commons, Quelle: http://www.zeno.org/Literatur/I/holdepor, Foto: FA2010

Abb. 94: Kleinasien mit den sieben Gemeinden, an die die „Sieben Sendschreiben der Apokalypse“ gerichtet sind, die in der Offenbarung des Johannes überliefert sind, © Wikimedia Commons, Autor: Batchheizer

## 3 Die Apokalypse des Johannes

Abb. 95: Albrecht Dürer (1471–1528): Die vier apokalyptischen Reiter, Holzschnitt 1497, Rijksmuseum, Amsterdam, © Wikimedia Commons, Quelle: https://www.rijksmuseum.nl/nl/collectie/RP-P-1959-193, Foto: Mr.Nostalgic

Abb. 96: Albrecht Dürer (1471–1528): Die Hure von Babylon, Ausschnitt aus einem Holzschnitt (Die Offenbarung des Johannes, 13. Figur), 1498, © Wikipedia, Quelle: Albrecht Dürer, Die Apokalypse. Faksimile der deutschen Urausgabe von 1498 ‚Die heimlich Offenbarung Johannis‘. Mit einem Essay von Ludwig Grote. Prestel, München 1999, Benutzer: GifTagger

Abb. 97: Albrecht Dürer: Die Fesselung des Drachen und das „Neue Jerusalem“ im Apokalypsen-Zyklus, Holzschnitt, 1498, Rijksmuseum, Amsterdam, © Wikimedia Commons, Quelle: https://www.rijksmuseum.nl/nl/collectie/RP-P-OB-1393, Foto: Mr.Nostalgic

Abb. S. 210: Sonnenuntergang auf der Insel Patmos, © CoolimagesCo/Alamy Stock Foto.

# Literatur

## Reiseführer/Literatur zu Griechenland und den Inseln

Ernst Kirsten/Wilhelm Kraiker: Griechenlandkunde. Ein Führer zu den klassischen Stätten, Heidelberg (Carl Winter), ⁴1967
Karl Krumbacher: Griechische Reise, Berlin (August Hettler), 1886
Siegfried Lauffer (Hrsg.): Griechenland. Lexikon der historischen Stätten, München (Beck), 1989
Evi Melas (Hrsg.): Die griechischen Insel, Heidelberg (DuMont), ¹⁰1985
Ludwig Ross: Reisen auf den griechischen Inseln des Ägäischen Meeres, 3. Band, Stuttgart/Tübingen (Cotta), 1846
Stuart Rossiter: Griechenland, Athen (Estathides und Söhne), 1979
Günter Treffer: Griechenland, in der Reihe: Die blauen Bücher, Wien/München/Zürich/Innsbruck (Moldau), 1978
Franck Weimert: Griechische Inseln kennen und lieben, Lübeck (LN-Verlag), ³1979

## Reiseführer/Literatur zu Kos

Klaus Bötig: Kos, Ostfelden (DuMont), ³2022
Dimitris Davaris: Kos, die Insel des Hippokrates, Athen (D. Davoris), o.J.
Ernst Meyer: Kos, in: Der Kleine Pauly, Stuttgart/Weimar (Joh. Metzler), 2013
Frank Naundorf/Yvonne Greiner: Kos, Erlangen (Michael Müller), 2019

## Allgemeine Literatur

Wolfgang Altgeld (Hrsg.): Kleine italienische Geschichte, Stuttgart (Reclam), 2002

Helmut Berve: Griechische Geschichte, 2 Bände, Freiburg (Herder), ²1953
Jürgen Blänsdorf: Das Thema der Sklaverei in den Werken Ciceros, Stuttgart (Steiner), 2010
Kai Brodersen/Wolfgang Günther/Hatto v. Schmitt: Historische griechische Inschriften in Übersetzung, 2. Band, Darmstadt (WBG), 1976
Walter Burkert: Griechische Religion der archaischen und klassischen Epoche, Stuttgart (Kohlhammer), 1977

M.L. Clarke: Die Rhetorik bei den Römern, Göttingen (Vandenhoeck & Ruprecht), 1968

Alain Ducellier: Byzanz. Das Reich und die Stadt, Frankfurt/Main (Campus-Verlag), 1996

Dietrich Ebener: Theokrit. Sämtliche Dichtungen, Leipzig (Insel-Verlag), 1983

Josef Fischer: Feste und Spiele im römischen Ephesos. Kult, Wettkampf und Massenunterhaltung in einer antiken Metropole, in: Antike Welt, 6/23, S. 61–66

Hellmut Flashar: Hippokrates, Meister der Heilkunst, München (Beck), 2016

Manfred Fuhrmann: Geschichte der römischen Literatur, Stuttgart (Reclam) 2005

Walter Jens: Zur Antike. München (Kindler), 1978

Yehuda Karmon: Die Johanniter und Malteser. Ritter und Samariter. Die Wandlungen des Ordens vom Heiligen Johannes, München (Callway), 1987

Karl Kerényi: Die Mythologie der Griechen, 2. Band, München (dtv), 1966, S. 132/133

Ders: Der göttliche Arzt. Studien über Asklepios und seine Kultstätten, Darmstadt (WBG), 1975

Johann-Heinrich Königshausen: Philosophie der Medizin. Kleine Vorträge zur Systematik, Würzburg (Königshausen & Neumann), 2022

Katerina Królova: Das Vermächtnis der Besatzung. Deutsch-griechische Beziehungen seit 1940, Bonn (Bollau), 2005

Alexandra Kankeleit: Kaiserzeitliche Mosaiken in Griechenland, 2. Band, Bonn (Friedrich-Wilhelm-Universität), 1994

Johanna Kuroczik: Von der Essenz des Menschen, in: FAZ v. 10.10.2021, S. 34

Karl-Heinz Leven: Geschichte der Medizin von der Antike bis zur Gegenwart, München (Beck), $^{4}$2024

Walter Müri: Der Arzt im Altertum. Griechische und lateinische Quellenstücke von Hippokrates bis Galen und Übertragung ins Deutsche, München (Heimeran), $^{4}$1979

Ugo Enrico Paoli: Das Leben im alten Rom, Bern (A. Francke), 1948

Thomas Paulsen: Geschichte der griechischen Literatur, Stuttgart (Reclam), 2005
Alan Peatfield: Minoische Gipfelheiligtümer, in: Michael Blömer/Achim Lichtenberger (Hrsg.): Erhaben und den Göttern nahe. „Heilige Berge“ der Antike, Freiburg (Herder), 2024, S. 30-42

Volker Riedel: Antikerezeption in der deutschen Literatur vom Renaissance-Humanismus bis zur Gegenwart, Stuttgart (Joh. Metzler), 2000
Veit Rosenberger: Religion in der Antike, Darmstadt (WBG), 2012

Peter Scholz: Der Hellenismus. Der Hof und die Welt, München (Beck), 2015
Bernd Seidensticker/Martin Vöhler: Mythen in nachmythischer Zeit. Die Antike in der deutschsprachigen Literatur der Gegenwart, Berlin (de Gruyter), 2002
Erika Simon: Die Götter der Griechen, München (Hirmer), 1969
Florian Steger: Asklepios. Medizin und Kult, Stuttgart (Franz Steiner), 2016
Ders.: Antike Medizin. Einführung und Quellensammlung, Stuttgart (Anton Hiersemann), 2021

## Reiseführer/Literatur zu Patmos

### Zur Insel

Klaus Bötig: Kos, Ostfelden (DuMont), ³2023, S. 102/103
Karl Krumbacher: Griechische Reise, Berlin (August Hettler), 1886
Siegfried Lauffer (Hrsg.): Griechenland. Lexikon der historischen Stätten, München (Beck), 1989

### Zur Apokalypse des Johannes

Johannes Eckert: Apokalypse. Bilder des Schreckens, Bilder der Hoffnung: Visionen für heute, Freiburg (Herder), 2022
Hans-Georg Gradl: Die Offenbarung des Johannes – aus dem Urtext übersetzt und kommentiert, Stuttgart (Kathol. Bibelwerk), 2022
Walter Klaiber: Die Offenbarung des Johannes, Göttingen (Vandenhoeck & Ruprecht), ²2022

## Übernahme von Texten aus Büchern des Verfassers

Asyl:
Fortwirkende Antike, Würzburg (Königshausen & Neumann), 2021, S. 145–147

Das römische Haus:
Sizilien im Spiegel antiker Zeugnisse, Ruhpolding/Mainz (Rutzen), 2011, S. 107, 111
Zypern im Spiegel antiker Zeugnisse, Ruhpolding/Mainz (Rutzen), 2013, S. 44/45

Gladiatoren:
Zu Besuch im alten Rom, Würzburg (Königshausen & Neumann), 2019, S. 113–115; 122–127

Die Götter und der Tod:
Wege in die Welt der Antike, Würzburg (Königshausen & Neumann), 2014, S. 58; 82–92

Mythos:
Wege in die Welt der Antike, S. 19ff.

Der Raub der Europa:
Kreta, die Insel der Mythen, im Spiegel antiker Zeugnisse, Würzburg (Königshausen & Neumann), 2019, S. 55–64

Medizin in Pergamon:
Von Troja bis Halikarnassos, Würzburg (Königshausen & Neumann), 2020, S. 110–114; 219–233

## Im Verlag sind vom Autor bisher erschienen

- Nachgefragt bei Sokrates, ein Diskurs über Glück und Moral, Text und Interpretation der Apologie Platons, 2004
- Die späte Heimkehr des des Odysseus, Texte und Deutungen, 2005
- Die verratene Liebe der Medea, Text, Deutung, Rezeption der Medea des Euripides, 2007
- Venus und Aphrodite, von Homers lockender Hera bis zu Petrons verführter Witwe, Texte, Erläuterungen, Illustrationen, 2008
- Antigones Tödlicher Ungehorsam, Text, Deutung, Rezeption der *Antigone* des Sophokles, 2009
- Wege in die Welt der Antike. Vorträge zu ihrem Verständnis und Fortwirken. Über Dichtung und Religion, Philosophie und Politik, 2014
- Im Dialog mit der Antike. Göttliches Wirken und menschliche Verantwortung. Texte und Interpretationen von Hesiods Theogonie bis zu Ovids Orpheusmythos, 2018
- Zu Besuch im antiken Rom. Treffpunkt Monumente: Antike Autoren geben sich ein Stelldichein, 2019
- Mit Patrick Schollmeyer: Von Troja bis Halikarnassos. Kleinasiens ägäische Küste im Spiegel antiker Zeugnisse von Homer bis zum Apostel Paulus. Ein kulturhistorischer Reiseführer, 2020
- Fortwirkende Antike. Drei Lebensentwürfe – drei Glücksverheißungen. Die Askese der Kyniker, die Gleichgültigkeit der Skeptiker und das Gottvertrauen in Augustins Gottesstaat, 2021
- Ovidius perennis – Unsterblicher Ovid: Verwandlungsgeschichten – Verwandelte Geschichten Texte, Bilder und Interpretationen von der Antike bis zu Peter Härtling und Pablo Picasso, 2022
- Res publica Romana – Die römische Republik: Wesen und Werte, Krise und Untergang. Texte von Cicero und Augustin bis zu Max Weber und ihre Interpretation, 2022
- Der frei gewählte Opfertod der Iphigenie – Euripides' Tragödie *Iphigenie in Aulis.* Übersetzung, Interpretation und Rezeption in der Literatur und Kunst mit Bildanalysen von Alfonso Mannella, 2023

HÖRBUCH

- Narziss und Echos Goldmund. Ovid/Benjamin Britten, 2005
  Brigitte Goebel (Rezitation), Kurt Roeske (Moderation) Christian Petrenz (Oboe)